现代职业教育产教融合理论与实践研究

陈 聂 / 著

图书在版编目（CIP）数据

现代职业教育产教融合理论与实践研究 / 陈聂著. -- 长春：吉林出版集团股份有限公司，2022.6
ISBN 978-7-5731-1594-2

Ⅰ.①现… Ⅱ.①陈… Ⅲ.①高等职业教育 - 产学合作 - 研究 - 中国 Ⅳ.①G718.5

中国版本图书馆CIP数据核字（2022）第095524号

XIANDAI ZHIYE JIAOYU CHAN-JIAO RONGHE LILUN YU SHIJIAN YANJIU

现代职业教育产教融合理论与实践研究

著　　者	陈　聂
责任编辑	杨　爽
装帧设计	马静静

出　　版	吉林出版集团股份有限公司
发　　行	吉林出版集团社科图书有限公司
地　　址	吉林省长春市南关区福祉大路5788号　邮编：130118
印　　刷	北京亚吉飞数码科技有限公司
电　　话	0431-81629711（总编办）
抖 音 号	吉林出版集团社科图书有限公司　37009026326

开　　本	710 mm×1000 mm　1 / 16
印　　张	9.25
字　　数	120千字
版　　次	2023年3月第1版
印　　次	2023年3月第1次印刷

书　　号	ISBN 978-7-5731-1594-2
定　　价	76.00元

如有印装质量问题，请与市场营销中心联系调换。0431-81629729

前言 Preface

产教融合是实现校企双赢、全面提升职业教育质量的重要途径,也是职业院校教育价值、经济价值与社会价值的重要体现。通过完善教育制度、优化教育课程、创新教学方式、创建双师型队伍等,可以推进职业院校产教融合模式的构建。职业教育是在中国经济、科技迅猛发展的背景下产生的,满足当前青年进入职业学院并掌握就业技能的需求,是我国高职教育的重要动力。

产教融合、校企合作,培养技术型人才,是职业教育成功国家的共同规律。同样,我国也强烈呼唤产教融合及校企合作育人。就教育方面而言,在近一段时期,我国职业教育的特色之一就在于以职业院校为主体来培养刚入职的技术技能人才,经济领域行业企业相对程度脱离于人才的正规职业准备教育,导致出现了职业院校对于产教融合人才的研发的需求非常强烈,但是出现了很多的困难。就经济领域来说,我国正处于工业化中期,努力实现产业的升级、构建创新驱动的现代产业体系,对于创新型人才、复合型人才的需求在倒逼行业企业进行不断改革。职业教育也是随着社会主义市场经济体制的逐步成熟而发展起来的一种新类型,面对市场逐步成为资源配置的重要因素,政府在职业教育产教融合、促进就业等方面发挥了明显作用。就职业教育的20年大发展而言,坚持产教融合是其发展壮大的关键层面,也是实践探索取得成功的关键。深化产教融合,要求现代职业教育必须解决当前存在的具体问题,进一步将先进技术融入教学之中,深入推进产业、教育的有机衔接,保证职业教育事业的可持续发展。基于此，笔者特策划并撰写了《现代职业教育产教融合理论与实践研究》一书。

本书共包含五章。第一、二章开宗明义，对现代职业教育产教融合的背景、意义、理论依据、现状、存在问题、经验借鉴以及发展方向进行研究，以期推进我国现代职业教育从"融入"走向"融合"、从"双主体"走向"共同体"、从"学徒"走向"工匠"。第三章分析了现代职业教育产教融合校企合作，在校企合作的基本内容的基础上，分析了产教融合校企合作的办学模式、合作机制、合作路径。第四章论述了现代职业教育产教融合人才培养的问题、模式构建、模式创新，尤其是现代学徒制人才培养以及创新创业人才的培养。第五章从实训基地、双师型队伍、双元制课程三方面分析现代职业教育产教融合教学资源建设。

总体来说，产教融合问题在职业教育理论研究中是一大热点问题，本书从理论上建构了产教融合分析框架，并分析了我国产教融合存在的问题、遇到的障碍，深度剖析了产生的原因，通过借鉴国外的经验，提出我国产教融合的改进策略。现阶段，我国围绕产教融合的职业教育实践还有待突破，本书为突破体制性障碍提供了一些建议，其理论价值与实践意义值得肯定。

本书在撰写的过程中，参阅了大量资料和文献，同时为了保证论述的全面性与合理性，本书也引用了许多专家、学者的观点。在此，谨向以上相关作者表示最诚挚的谢意，并将相关参考文献列于书后，如有遗漏，敬请谅解。由于作者写作水平有限，书中难免存在疏漏之处，恳请广大读者不吝指正。

作　者

2022 年 3 月

目录 Contents

第一章 现代职业教育产教融合概述 ………………………………… 1
 第一节 现代职业教育产教融合的背景 ………………………… 2
 第二节 现代职业教育产教融合的意义 ………………………… 4
 第三节 现代职业教育产教融合发展的理论依据 ……………… 7

第二章 现代职业教育产教融合的发展 ……………………………… 15
 第一节 现代职业教育产教融合发展的现状与存在问题 ……… 16
 第二节 现代职业教育产教融合发展的经验借鉴 ……………… 21
 第三节 现代职业教育产教融合的发展方向 …………………… 25

第三章 现代职业教育产教融合校企合作 …………………………… 33
 第一节 校企合作概述 …………………………………………… 34
 第二节 产教融合校企合作办学模式 …………………………… 38
 第三节 产教融合校企合作机制 ………………………………… 41
 第四节 现代职业教育产教融合校企合作路径 ………………… 43

第四章 现代职业教育产教融合人才培养 …………………………… 49
 第一节 现代职业教育产教融合人才培养的问题 ……………… 50
 第二节 现代职业教育产教融合人才培养模式的构建 ………… 52
 第三节 现代职业教育产教融合人才培养模式的创新 ………… 55

第五章 现代职业教育产教融合教学资源建设 ……………………… 77
 第一节 产教融合实训基地 ……………………………………… 78
 第二节 产教融合"双师型"队伍 ……………………………… 108
 第三节 产教融合"双元制"课程 ……………………………… 127

参考文献 ……………………………………………………………… 136

第一章
现代职业教育产教融合概述

理念、利益、资源、制度共同构成了影响现代职业教育产教融合动力的分析框架。当前,要想增强现代职业教育产教融合的动力,实现协同育人的目标,必须先厘清现代职业教育产教融合的理念,尤其是弄清楚现代职业教育产教融合的背景、意义与理论依据。本章就对这些基础知识展开分析。

第一节　现代职业教育产教融合的背景

随着我国经济不断发展,人力资源的需求逐渐呈现出多层次性的特点,这必然与社会主义市场经济紧密联系起来。职业院校作为社会主义市场经济的重要主体,其有着自身的独特性,这种独特性要求其必须参与到社会主义市场经济中。在职业院校的发展中,其办学宗旨与让学生满足市场需求有着紧密的联系。其独特性还体现在我国经济社会发展的过程中,逐渐产生了新兴的职业教育。因此,在职业教育的发展中,应该将市场需求融入人才培养过程中,这样职业教育才能实现自身的优化发展。在我国深化教育领域综合改革的过程中,推进产教融合是职业教育的重要发展趋向,也是职业教育发展的关键。所以,本书立足于社会主义市场经济背景,对产教融合进行进一步探索,使职业教育中产教融合能够切实发挥应有的作用。

随着社会主义市场经济体制的不断完善,职业院校也有了新的使命,即职业院校的人才发展需要与市场相结合,产教融合也是职业院校在社会主义市场经济背景下产生的新趋向。在人才培养中,职业院校应该摆脱传统的"基础性的研究工作者""一般操作工"的误区,培养具有动手、动脑双重能力的技术性创新人才。这也是产教融合的关键所在。

如果失去了市场竞争性,职业院校那么就很难成为社会主义市场经济的主体。因此,随着经济不断纵深发展,职业院校应该不断适应新的经济环境,在人才培养上,摆脱原有计划经济的束缚,加快自身的转型,将自己融入新的经济环境中。因此,职业院校作为培养技术型人才的重要机构,应该注重教育过程中的实践环节,通过产教融合,将理论与实践紧密结合,促进学生实践能力的进步与发展。

可见,职业院校的发展与社会主义市场经济是分不开的,其核心竞争力的体现与市场主动权的把握有着紧密的联系。职业教育在人才培养上主要是培养具备一定理论知识与较强实践能力的人才,因此其办学宗旨应该面向市场,以实用型、技术型人才的培养为主,因此在教学中,应该注重实践操作,凸显学生的动手能力。基于这样的竞争环境,由于用人单位自主权不断扩大以及企业人才需求不断转向,会操作、懂理论与管理的人才占据市场的优势地位。产教融合能够有效实现职业院校的办学宗旨,能够使培养出的学生更符合市场的需求。但是由于当前的教师偏重学术性,这导致实践能力有所欠缺。基于这一点,就需要职业院校着力推进产教融合的深化与应用,使学生能够在教师的带领下参与到动手实践之中,在实践中解决一些具体的问题。

就高职院校而言,毕业生就业难问题进一步要求高职院校推行产教融合。在我国社会主义市场经济不断发展的背景下,劳动力市场的竞争程度不断得到强化,而针对高职院校毕业生的用人单位更加注重学生的实际操作能力。在我国高职教育体系中,学生培养仍然沿袭传统模式,难以符合市场对人力资源的需求。适应建设、生产、管理与服务第一线的需要是高职院校毕业生顺利就业的重要影响因素,如果缺乏这样的能力与适应性则必然会出现居高不下的待业率。高职院校的培养模式是与市场对人才的需要联系在一起的,所以新的培养模式能够切实有效地解决此类问题。产教融合的推行使学生的实践能力得以提升,并能使其增强对未来职业的判定与认同,目标的明确与能力的提升使受教育者也能够着眼于市场的变化,在企业需求的前提下不断提升能力,并寻求发展机遇,从而缓解高职毕业生所面临的就业压力。所以,高职院校应该置身于社会主义市场经济体制之中,在产教融合的育人模式助推下抢得市场中人才竞争的优先权。

第二节 现代职业教育产教融合的意义

一、满足了经济与社会发展的客观需要

世界各国都在努力探索使教育与经济走上相互依靠、相互促进的良性发展轨道，特别注意发挥职业教育的关键作用。因为职业教育是一个国家经济和社会发展必不可少的环节，是经济发展和社会进步的前提，是达到和平与发展目标的有效工具。实现这一目标的重要途径就是职业教育必须实行产教融合。为此，德国正在制定"动态的、开放的职业培训条例，以适应劳动力市场的变化；提供有区别的职业教育途径，以满足不同对象进入劳动力市场的需求；开发新培训职业并加速已有培训职业的现代化，以迎接未来世界的挑战；建立灵活的职业继续教育制度，以营造终身教育的社会环境"[①]。

澳大利亚为促进产教融合，成立了国家培训局。这是在职业教育部长联席会领导下的以企业界为主的职业教育决策部门，基本形成了办学以政府为主、管理以企业为主的新模式。澳大利亚就业、教育和培训部还花三年时间，耗资 2000 万澳元制定了关键能力纲要和一套多媒体培训教材，使产教融合落实到了教学全过程。我国也把职业教育应当实行产教融合写进了《中华人民共和国职业教育法》。

职业教育只有通过产教融合途径，才能真正培养出具有综合职业能力和全面素质的，直接在生产、服务、技术和管理第一线工作的应用型人才。

职业教育只有通过产教融合途径，才能在办学过程中把应用科技推向经济建设的主战场，才能发挥职业院校科技示范基地优势、专业技术优势和学生人数多、分布广、传播科技信息快的优势，才能直接与经济

[①] 胡赤弟：《产教融合：制度·路径·模式》，浙江工商大学出版社，2018，第37页。

建设和科技发展接轨,使教育由传统的消费投入变为产业化行为,使人力资本在一定的科技条件下转变为产业资本,推动经济建设、社会发展和科技进步,使科教兴国战略落到实处。

二、产教融合是职业教育生存和发展的迫切要求

近几年来,有些地方职校出现招生难、就业难、经费难的问题,有的职校甚至难以为继,濒临关门,原因是多方面的。其中一个重要原因就是产教融合不紧,学生动手能力不强,校办产业规模不大,效益不高,有的甚至是空白,缺乏自我发展的活力与抗风险能力。

在一些职校,不同程度地存在"职教普教化、教学理论化、模式单一化"的倾向。有的仿效普通高中,忙于应付统考,为少数学生参加对口升学服务,削弱了对多数学生的专业技能培养,放松了学校与社会的产教联系,使应试教育的弊端危及职教的健康发展。有的学校只注重在教室里讲理论,在黑板上学种植,用陈旧的设备做实验,忽视专业实习和实践,使大多数学生既不能对口升学,又缺乏一技之长。有的职校校办产业效益很低,技术落后,根本起不到对社会的示范作用。因此,实行产教融合,是职教生存和健康发展的迫切要求。

实践证明,实行产教融合,有利于加强学校与企业的联系,形成企校联办、经科教(农科教)统筹的办学体制,这是在我国社会主义市场经济条件下职教生命力的源泉。实行产教融合,有利于充分发挥职业院校专业示范基地的专业技术和专业人才优势,提高办学的教育效益、经济效益和社会效益。实行产教融合,有利于职校增加经费收入,增强办学活力。一些校办企业效益好的学校,如湖北省纺织服装工业学校办的纱厂,宜昌市卫生学校办的附属医院,多年来为学校提供了大量经费,已基本实现了以厂养校,以院养校,自我积累,滚动发展,呈现出勃勃生机,也大大增强了学校抵御市场经济风险的能力。

三、产教融合是深化教学改革和全面推行素质教育的重要途径

产教融合涉及职业院校教学改革的各个方面，直接关系到受教育者综合职业能力的培养与全面素质的提高，因此只有不断深化教学改革，才能实现真正意义上的产教融合。

（一）变革教育思想和办学模式

职业教育必须清除传统教育思想的束缚，通过产教融合途径，突出能力教育，培养有创新精神和创新能力的人才。同时，必须打破"象牙塔"式的传统办学模式，建立起与政治体制、经济体制、科技体制改革相适应的充满生机与活力的办学模式。

（二）变革教学模式、内容与方法

产教融合不是传统教学模式与技能培训的简单组合，必须打破几十年来中等职校以专业学科为中心，以培养学科型人才为核心，以"老三段"式的教学结构（文化课＋专业基础课＋专业课）为唯一形式的传统教学模式。要以市场需求为导向，以能力培养为中心，按照职业岗位群"岗位能力""综合能力"的要求，采用"模块教学""弹性学制""学分制"等行之有效的方式。同时，必须不断革新，调整职业教育的教学内容，充分应用满足当代生产实际需要的新知识、新技术、新工艺和新方法，以适应飞快发展的社会生产和科技进步的要求。产教融合也不能沿用"知识教育"的"三个中心"（教师、课堂、书本）的普教方法，要以培养学生的创新精神和实践能力为中心，奠定理论的"宽基础"，确定能力的"活模块"，使理论与实践紧密结合，学校与社会息息相通；要特别突出实践性教学环节，注重能力尤其是关键能力的培养。

（三）变革相关的专业设置

专业设置不能与实际相脱离，也不能受经济利益驱动，造成专业驱动、资源浪费的情况。专业设置要从社会发展、经济建设的需求出发。

尤其是一些骨干企业,应该成为地方的支柱产业,为部门的主导行业服务。因此,应该以社会、经济需求为导向,从劳动力市场和职业岗位群中远期动态预测分析入手,按需设置,时间相对稳定。同时,也要根据社会急需,设置小批量、多门类、快节奏的专业,有利于产教融合。

(四)变革评价形式与标准

要彻底摒弃应试教育的评价标准,以社会需要、行业认可、用户满意为准绳,实现由"知识本位"向"能力本位"的转变,由"分数评价"向"技能评价"的转变,由"单项能力"向"综合职业能力和全面素质"的转变,用人单位有对学生质量评价的"一票否决权"。

第三节　现代职业教育产教融合发展的理论依据

一、共生理论

共生本是生物学概念,是德国生物学家德贝里于1879年提出的,是指共生单元之间在一定的共生环境中按某种共生模式形成的关系。从生物学的角度看,成长是生物从低级逐渐走向高级的过程,成长过程伴随着生物与外界的能量交换。同样,校企合作各成员的发展也需要与外界进行"能量"交换,通过延伸内部资源优势和吸取外部资源达到内部系统的成熟。[①]共生系统主要包括三大要素,即共生单元、共生模式和共生环境。共生单元是指构成共生系统的基本能量单位;共生模式是指共生单元相互作用的方式,它既反映了共生单元之间作用的方式,也体现出共生单元之间的能量交换关系;共生环境是指除共生单元以外的一切影响因素的总和。

依据对共生关系的生物体利弊考虑,共生可以分为寄生、互利共生、竞争共生、偏利共生、偏害共生、无关共生。随着共生概念的不断发展,

---

[①] 张英杰:《共生视域下校企合作战略联盟机制研究》,《教育与职业》2012年第6期。

学者们不断将共生理念应用到各个学科来解决实际社会问题。自20世纪五六十年代以来,共生的思想和概念已经不仅仅为生物学所独享,还被应用到人类学、社会学、经济学、管理学、建筑学甚至政治学的领域。袁纯清(1998)提出共生不仅是一种生物现象,也是一种社会现象;共生不仅是一种自然现象,也是一种可塑状态;共生不仅是一种生物识别机制,也是一种社会科学方法。[①]他通过创新和界定一系列重要概念,建构了共生理论作为一门社会科学所必需的概念工具体系、基本逻辑框架和基本分析方法,从而将作为生物学的共生学说创新为社会科学的共生理论,给人们提供了一种对自然、社会现象认识的新的境界和新的思维以及新的方法。

运用共生的观点看待人类社会中的各种问题,可以使人们更好地认识和判断人类社会经济关系中的共生关系、共生模式的合理性,促使其达到最佳共生状态,符合共生规律,科学地引导共生关系和共生模式向预定的方向发展,这对推动人类社会的进步与繁荣将是十分有益的。依据共生理论来看待和分析学校教育中的发展问题,在职业教育产教融合研究中,产业和教育之间是一种对彼此都有好处的共生互利关系。产业和教育作为一个共生单元而存在,通过资源互补,在校企合作这个大的共生环境中,实现互惠共生。共生理论对共生系统的目的性、整体性、开放性、自组织性等基本特征的揭示,以及对共生单元、共生关系的强调,是讨论共生教育的理论基础和基本分析方法。(1)目的性。目的性是共生系统的一个主要特征,若没有目的性,共生系统内的诸元素就没有行动的主动性,缺乏主动性的复杂系统就无法适应环境,自然也谈不上对多元环境的适应与改造。(2)整体性。生态系统的整体性是生态学的基本观点,也是共生系统的基本属性。其要求关注系统内各组成部分与整体的相互联系与相互依存关系。(3)开放性。开放性是系统存在和发展的必要条件。系统无论是有生命的,还是无生命的,无一不是与周围环境有着相互依存和相互作用的开放系统。(4)自组织性。作为一个过程演化的概念,自组织表示系统的运动是自发的、不受特定的外来干预而进行的。其自发运动是以内部矛盾为根据、以环境为条件的内

[①] 袁纯清:《共生理论——兼论小型经济》,经济科学出版社,1998,第2页。

外条件交叉作用的结果。

二、系统论

系统论是由其创始人贝塔朗菲在《一般系统论——基础、发展和应用》(1968)中正式提出的。贝塔朗菲认为:"系统是相互联系、相互作用着的诸元素的统一体。它是处于一定的相互关系中并与环境发生关系的各个组成部分的总体。"[1]钱学森指出:"系统是由许多部分组成的整体,所以系统的概念就是要强调整体,强调整体是由互相联系、相互制约的各个部分组成的。"[2]系统论以系统及其机理为研究对象,研究系统类型、一般性质、运动规律及演化机制。

系统论的基本思想在于:任何事物都应该被看作一个系统,系统是普遍存在的。我们应该从整体出发,对系统内部各个要素、彼此之间的关系、系统的功能、系统的结构等展开分析,并且弄清楚系统、系统要素、环境之间的关系以及变化的规律。根据分析结果,对系统以及系统各要素的关系加以调整,使系统得以优化。

系统论的核心要素在于系统的整体观念,其科学研究的方法就是从系统论的原理出发,将研究对象置于系统形式中,从联系、整体等层面,对整体与部分、部分与部分、整体与外部环境等的关系加以考察。层次结构性指的是它构成系统的要素是一个子系统,这一子系统又是由其他小的系统构成的,而系统本身又属于更大的系统。系统论强调系统的整体性和开放性,追求系统利益的最大化和结构优化。[3]

系统论原理在产教融合、校企合作中的应用,主要表现如下:[4]

(一)系统整体性原则

任何一个系统都是由很多要素组成的,各个要素之间相互协调,彼

---

[1] 王成荣:《职业教育产教依存发展研究》,中国经济出版社,2014,第89页。
[2] 同上。
[3] 占德胜:《系统论视角下的高职院校专业设置》,《职教论坛》2009年第4期。
[4] 陈启强:《论我国高等职业教育中的校企合作》,四川师范大学,2008,第22-23页。

此之间相互促进,这样才能使得整个系统具备良好的功能,且整体的作用大于各个部分的功能,这就是所谓的系统整体性。

对于校企合作而言,以比较稳定的组织规范作为后盾,让不同水平、不同地区但是有着内在关联性的职业院校与企业合作办学,可以彼此互补、扬长避短,将整体内部的潜力挖掘出来,不断对职业教育活动的领域加以开拓,从而增强整体以及各个部分的竞争力。

就系统功能的整体性而言,系统的功能并不是各个要素的简单相加,而是应该大于各个部分的相加之和,即整体的作用大于各个要素的总和。这里的大于不仅仅是数量大,而且在于功能的强大。系统的整体功能大于各个部分的功能。因此,在校企合作办学中,校企应该构成一个系统,将学校、企业的资源进行有机结合,构成一个整体,这样产生的功能要明显大于单一校园的功能以及单一企业的功能。

(二)系统动态性原则

系统及其各个要素之间是相互影响的有机体,而系统内部各个要素之间也存在着必然的联系,这样使得系统显示出综合的功能。对系统内部各个要素进行合理的安排与组合,能够将各个要素的功能发挥出来,这就是系统的相关性。

职业院校与企业应该从一定的规则出发,这样形成的人才培养体系才能获得明显的效果,而不是单独职业院校或者企业培养出来的人才的简单相加。

动态性是系统的另一个要点,系统作为一个运动着的有机体,其特定的状态是相对的,运动状态是绝对的。系统内部的联系就是一种运动,系统与环境的相互作用也是一种运动。职业教育办学模式,也不可能一成不变,要根据社会经济的发展而发展。打破传统模式,探索新的途径,正是系统论中动态性的体现。系统还是开放的。从系统原理来看,全封闭的系统是不存在的,不存在一个与外部环境完全没有物质、能量、信息交换的系统。对外开放是系统的生命,因此明智的管理者应当从开放性原理出发,充分估计到外部对本系统的种种作用,努力从开放中扩大本系统从外部吸入的物质、能量和信息。校企合作突破传统的单一校园环境办学模式,学校与企业合作,进行有序的对接与交流,达到互动、双赢的目的。

（三）系统环境适应原则

系统在一定的环境中存在,其不能脱离环境独立存在。环境不可能是静止的、不变的,系统则必须不断适应环境的改变,以求得更深的发展。系统的这种环境适应性是通过其与环境之间的物质、能量交换获得的。环境的改变往往能够带动系统特性的改变,系统依靠反馈功能,对其原有的特性加以调整。对系统进行改造的目的在于发挥系统的最优功能。

社会对人才的需求通过人才市场对职教系统产生作用,校企双方需要对信息加以了解,对课程体系进行调整,对教学模式加以改革,甚至需要对培养目标、专业结构等加以调整。职业教育系统并不是孤立存在的,其与社会环境有着紧密的关系。职业教育想要发展,必须与社会主义市场环境紧密融合,这样才能培养出社会需要的人才。如果关起门来办学,那么必然会与市场脱节,这样培养出来的学生也是落伍的,很容易被市场淘汰。

三、产业簇群理论

产业簇群现象是指某个区域内聚集着某一个或若干个相关的产业集群,形成了该产业或若干相关产业的集群竞争优势。产业簇群有三类典型模式:(1)某一个产业形成集群现象;(2)若干上下游关系的产业聚集形成集群竞争优势;(3)围绕某核心旗舰企业形成的包含产业链上下游众多企业形成的产业园区。第一类典型模式的典型案例是浙江义乌的小商品产业集群,虽然小商品产业集群包含的产品种类非常繁多,但并未形成典型的多产业上下游合作发展关系,因此属于第一类典型模式。第二类典型模式是目前产业簇群发展的主要形式,早期的硅谷、中关村科技园区属于第一类的无秩序聚集,但发展到今天,硅谷、中关村均已形成了以IT产业为核心的多种上下游产业聚集区,形成了巨大的区域竞争优势;而苏州服务外包工业园区属于新兴的多种服务外包产业聚集的典型案例。第三类典型模式普遍存在于大制造业中,如上海、广州、长春、湖北十堰等都是汽车产业集群聚集区,围绕上汽集团、广汽集团、一汽集团、东风集团等核心旗舰企业形成了规模庞大的产业集群;而作为为核心旗舰企业服务的上下游企业也在产业集群中逐步形成技术、人才、资金、业务、网络等竞争优势,从而逐步发展成为行业内的领军企业,如国内汽车物流领军企业安吉天地,其诞生使命是为上汽集团提供配套的汽车物流服务,经过多年的发展,安吉天地已经成为国内领先的汽车物流企业,业务遍布全国。

哈佛大学终身教授迈克尔·波特以著名的"钻石"理论解释并分析了产业簇群(图1-1)。[1]

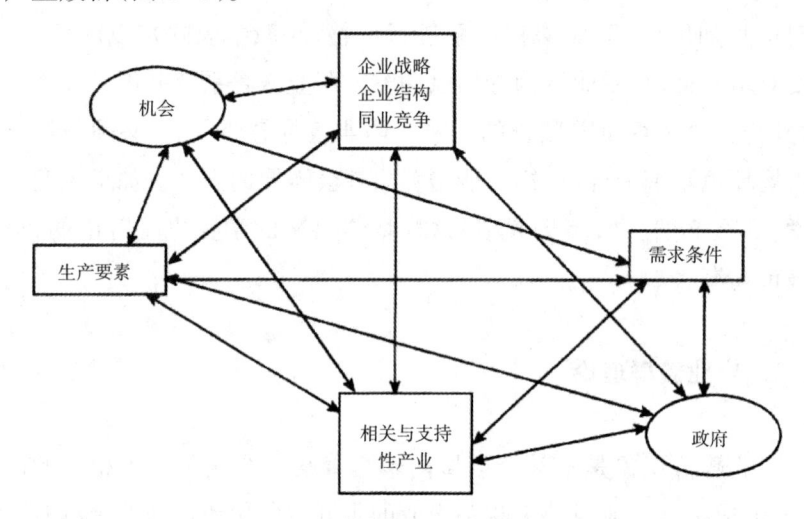

图1-1 迈克尔·波特"钻石"理论示意图

波特认为,产业簇群竞争力的强弱有赖于其所处的"钻石"体系。"钻石"体系的关键因素是产业簇群所处区域形成的完整系统,这是形成簇群的主要原因;而簇群一旦出现,又会自我强化,长久保持其竞争力。产业簇群具有许多不同的形式,要视其纵深程度和复杂性而定。不过,绝大多数产业簇群包含最终产品和服务厂商、专业零部件、机械设备以及服务供应商、金融机构以及相关产业的厂商。产业簇群也包含下游产

---

[1] 王成荣:《职业教育产教融合发展研究》,中国经济出版社,2014,第68页。

业的成员(如销售渠道、顾客),互补性产品制造商,专业化基础设施的供应商,政府与其他提供专业化训练、教育、信息、研究和技术支援的机构以及制定标准的机构。产业簇群还包括同业公会和其他支持产业簇群成员的民间团体。①

产业簇群理论对产教融合问题的借鉴意义在于为产教融合指明了一种能够实现共生、发展,在不断深化融合关系中走向效益最大化的可能性路径。产业簇群的存在及其在竞争方面的成功证明了本身存在着产业链上下游关系的"产与教"可以形成更紧密的簇群关系,将单个院校的校企合作上升到产业簇群的高度,能够形成真正意义的产教融合。产业簇群理论可以有力地支撑职教集团的存在价值与发展空间,但是另一方面,从产业簇群理论也不难看出,目前仍然以院校为主的职教集团难以获得良好的发展效益,恰恰是因为职教集团的发展没有真正符合产业簇群的规律。

---

① 王雪丽、范义敏:《产业簇群理论探讨》,《石家庄铁路职业技术学院学报》2011年第4期。

第二章
现代职业教育产教融合的发展

改革开放之后,我国职业教育迅猛发展,产教融合、校企合作的人才培养模式逐渐被广泛应用。但是当前,在产教融合中还存在着校企合作层次不高、学校一方热但企业一方冷、政策配套建设不足、执行力不足等情况。那么,职业教育产教融合的发展问题成为人们研究的重点,本章对其予以分析。

第一节　现代职业教育产教融合发展的现状与存在问题

一、现代职业教育产教融合发展的现状

（一）与产教融合相关的一些相关法律和法规

1.《中华人民共和国职业教育法》颁布前

1978—1996年，我国职业教育经历了恢复、发展、停滞等阶段。就现代职业教育体系而言，这一时期是我国职业教育发展的初级阶段，国家政策主要是为了推进中等职业教育的市场化发展。1978年之后，中国政府开始提出发展职业教育的观点，并且在《关于中等教育结构改革的报告》中，明确了中等职业院校的发展路径。

政府给予学校一些财力和优惠支持。例如，1983—1985年，中央财政拨款15000万元用于职业教育；对校办工厂的税收加以减免，吸引相关企业投资于职业教育；同时，发挥中介组织的力量，构建校企之间的桥梁，将招生、就业、市场产业进行连接。

国家政策的引导对于职业教育而言曾经带来了可喜的成绩，但是正是因为对政府的依赖，导致在政府配套工作相对滞后的情况下，20世纪90年代之后的职业教育发展也出现了滞后的情况。[①]职业教育与产业之间的联系也更加脆弱，职业教育发展陷入了前所未有的困境。

2.《中华人民共和国职业教育法》颁布后

为了改变职业教育出现的困境，1996年《中华人民共和国职业教育法》颁布，提出职业教育应该实行产教融合，这在一定程度上确立了产教融合的地位，促进了职业教育的进步与发展。

---

① 黄艳：《产教融合的研究与实践》，北京理工大学出版社，2019，第57页。

为了贯彻这一法律,国家教委等部门联合发布《关于实施〈职业教育法〉加快发展职业教育的若干意见》,对贯彻产教融合进行了工作部署,之后2005年颁布了《国务院关于大力发展职业教育的决定》,提出职业教育的人才培养模式为"工学结合、校企合作";2010年《国家中长期教育改革和发展规划纲要(2010—2020年)》提出,要制定校企合作办学法规,推进校企合作制度化;2014年《国务院关于加快发展现代职业教育的决定》提出,"深化产教融合、校企合作",第一次在国家层面的文件中出现了"产教融合"的要求,是对产教融合要求的进一步提升。

就产教关系的发展历程来说,国家对于企业参与职业教育的要求及企业在其中的角色改变,不仅为产教融合提供了指导,还明确了企业在职业教育中的地位和作用。这在一定程度上促进了职业教育的进步与发展。但是,这些文件并不是与《中华人民共和国职业教育法》配套的法律文件,缺乏一定的权威性,因此产教融合仍旧存在不足。

3.《中华人民共和国高等教育法》的颁布

随着经济体制的改革发展,高校管理制度和模式与制度保障的改革提上了议事日程,1993年《中国教育改革和发展纲要》颁布,并且明确提出,"要使高校真正成为面向社会自主办学的法人实体",标志着高教政策由国家本位向市场本位的演进。1998年《中华人民共和国高等教育法》颁布,标志着市场本位政策的正式确立,高等教育的管理权限从中央向地方转移,高校自主办学权力逐渐扩大,由此也意味着高等教育体系的内部环境发生了深刻变化,学校与政府、行业、企业的关系也发生了深刻变化:市场治理模式确立,政府的教育职能相应缩小,对高等教育的投入逐渐减少。

2006年,按照《国务院关于大力发展职业教育的决定》的重要部署,为在全国高等职业院校中树立改革示范和发展示范,引领高等职业教育与经济社会发展紧密结合,提高高等职业教育产教融合的水平与办学效益,助推高等职业教育健康发展,国务院决定实施国家示范性高等职业院校建设计划,旨在整合资源、深化改革、创新机制的基础上,按照地方为主、中央引导、突出重点、协调发展的原则,同时兼顾地区、产业、办学类型等因素，选择学校定位准确、办学条件好、社会声誉高、产学结合紧密、改革成绩突出、制度环境好、辐射能力强的100所高等职业院校，优先进行重点支持，并完善相关政策，促进工学结合的重点学科发展，通过以点带面，引领全国高等职业院校凝聚教学改革的共识。通过项目的实施，一批高等职业院校在创新人才培养模式、专兼结合课程小组建设、服务社会、服务地方、服务企业和办学特色等方面取得明显成效，加快了高职教育的改革步伐，提高了高等职业院校的办学实力、产教融合的水平、管理水平和办学效益；一批重点专业脱颖而出，建成了对接各地重点产业的专业人才培养方案，有效带动了省级示范、行业示范等一大批高等职业院校，一批专业特点突出的优秀高等职业院校群体脱颖而出，它们聚焦国家和区域发展战略，围绕实体经济建设，在助推战略性新兴产业、先进制造业健康发展，加快传统产业转型升级等方面，提供了重要的技术技能人才支撑，发挥了不可替代的作用，引领高等职业教育走出了一条不同于普通大学的类型之路，高等职业院校显示出空前的活力和勃勃生机。

（二）国家骨干高等职业院校发展

2010年，在对国家示范高等职业院校建设项目成果充分认可的基础上，教育部、财政部对继续延长该项目计划的实施做出具体安排，确定新增100所骨干高等职业院校建设，继续发挥财政专项对高职教育改革发展的引导作用，推进地方政府完善政策、加大投入，创新办学体制机制，推进合作办学、合作育人、合作就业、合作发展，增强办学活力；并将校企合作体制机制建设作为突破工学结合教学改革瓶颈的重要举措，形成人才共育、过程共管、成果共享、责任共担的紧密型合作办学体制机制，促进校企深度合作，增强办学活力，形成新的引领机制。

骨干院校项目建设文件规定央财资金可以部分安排用于办学体制机制创新，成为政府引导骨干院校建设项目推进产教融合、校企合作的重要信号。一批国家骨干建设项目院校领导普遍认为，骨干建设项目不仅仅使学校办学业绩得到明显提升，更重要的是在校企合作体制机制上取得了成功突破，为工学结合的人才培养模式改革提供了保障。

《2018中国高等职业教育产教融合的水平年度报告》是由全国高职高专校长联席会议委托,上海市教育科学研究院和麦可思研究院共同编制的高职产教融合的水平年报,已经连续发布几年。几年来,报告始终坚持需求导向、坚持第三方视角、坚持创新发展,逐步形成了由学生成长成才、学校办学实力、政策发展环境、国际影响力和服务贡献力构成的"五维产教融合的水平观",探索建立了不同维度产教融合的水平评价的指标体系,持续引导高等职业教育强化内涵、提升产教融合的水平,成为社会了解高等职业教育的重要窗口。

2018年,政府工作报告中指出,坚持创新内容、完善体系,努力反映高等职业教育"改革不停顿,开放不止步"的发展历程。党的十九大提出,"完善职业教育和培训体系,深化产教融合、校企合作",高等职业教育产教融合的水平提升迎来新机遇。产教融合校企合作、教育脱贫攻坚等政策密集出台,优质院校建设成效显现,创新发展行动计划进一步落实。当前,高等职业院校不平衡、不充分发展问题亟待解决,高水平建设更需要强化中央财政的专项引导。通过分析,东部地区高等职业院校资源水平整体较高;中西部地区院校的生均教学科研、教学设施等资源水平较弱,需要加大投入,加强建设;示范骨干高等职业院校教学资源水平优势明显,体现出财政专项投入对于高等职业教育发展的重要作用;教学资源存在明显的区域和院校不平衡性,亟待政府和院校予以重视。

二、现代职业教育产教融合存在的问题

(一)合作不稳定,融合渠道不贯通

由于企业与学校在体制、性质等层面存在差异,在初期,校企双方的合作是很难的。公司主要是为了赢得利润,需要创造较高的收益,因此企业缺乏与职业院校之间进行合作的动力。很多校企合作关系的建立大多是依靠人脉产生的。这样的合作关系往往是短期的,很难长久维持下去,并且即便合作,合作的效果也是非常差的。要想对这一问题进行解决,就需要构建以政府为主导的校企合作政策,建立完善的机制,以立法手段制定相关的法律法规,明确政府、企业、学校之间的责任与义务。

完善的制度内容是职业教育产教融合的根本保障,也是职业教育能够顺利开展的前提条件。要想对我国职业教育发展的现状进行革新,促进产教融合的开展,需要各级政府出台相关政策,这样才能在企业与学校之间架起桥梁。虽然地方政府出台了一系列相关文件,但是这些提倡仅限于政策层面,缺乏约束政策。

在鼓励措施上,与传统意义上职业院校的单一教育模式不同,要想推进职业教育产教融合,就需要不同企业的积极配合,协助职业院校展开教育。但是,目前政府机构出台的政策往往比较宏观,缺乏强制性,因此无法对企业的行为加以规范,导致很多校企合作教育的开展仅是对经济利益的关注,并不愿意真正地融入职业院校的人才培养工作;同时,校企之间的深层次交流十分缺乏,很难将产教融合发展的意义体现出来。

基于各种制约因素,当前的职业教育产教融合仍旧存在明显的不足,尤其是管理体制、鼓励机制、政策法规上,很难保障完善的产教融合。

(二)合作模式单一,合作内容不深入

职业院校要想实现人才培养、终身教育、社会服务、技术创新等功能,必须与企业相联系,与地方经济发展实现真正地良性互动,校企合作、产教融合应该贯穿人才培养的全过程。校企合作的广度、深度等对人才培养产教融合的高低起着直接的影响。但是,现阶段我国处于职业院校转型发展的时期,校企合作主要限于对实习基地的共建、订单式培养等层面,显然合作模式较为单一,内容上也不够深入。之所以出现这种原因,主要是校企双方对合作的认识不足,未建立长久的合作机制,企业缺乏合作的热情,职业院校的合作准备不足。

(三)校企合作的经费难以保障

校企合作是一个非常复杂的过程,校企双方进行科学研发,共同建设实训平台,都需要人力、财力的注入。但现实情况是,国家和地方政府对于助推校企合作的机制还不完善,国家深度参与职业教育税费政策、信贷政策还未落实到位,社会缺乏健全的捐助渠道。就企业层面而言,根据校企合作育人的要求,企业应该全程参与其中,为人才培养提供一定的人力资源、物力资源,但是当前很多校企合作都是以学校教学为中心,未发挥企业的作用,并且也未能保障企业的效益,因此企业参与程度不高。就职业院校而言,很多经济发达地区的职业院校,经费充足,但是欠发达地区的职业院校,经费匮乏,投入有限,因此这些地区的校企合作很难实现。

(四)双师型师资队伍建设滞后

校企合作需要双方共同建设一支具备双师素质的高水平队伍,很多地方的职业院校已经开展措施实施双师型队伍建设,但是就目前来说,情况并不理想。尤其是刚从职业院校转化成应用型高校的学校,原本的师资主要是传授理论知识,无法适应实践型人才的培养工作,无法与企业展开科技研发,服务地方社会经济发展的能力也十分有限。而企业师资虽然实践动手能力强,但多数理论功底不足,且缺乏从事高校教学的基本技能和方法训练。因此,师资队伍的薄弱严重制约了产教融合的深度和广度,影响了实践型人力资源培养的产教融合的水平。

第二节　现代职业教育产教融合发展的经验借鉴

一、行业组织是有效进行的关键

通过分析发达国家高职教育产教融合的特点可以发现,在高职教育和产教融合的发展过程中,行业组织都占据着主导地位,也只有充分发挥行业组织的协调指导作用,才能体现出产教融合的根本特点,产教融合才有可能顺利实施并取得成效。行业与高职教育密不可分,行业对高职教育的参与和支持程度在某种程度上决定了高职教育和产教融合的发展水平。

　　由此可见,政府应重视行业组织机构的建立,并鼓励行业部门参与到产教融合中来,通过制定政策法规来规范和支持行业组织在促进产教融合方面发挥作用,加强高职院校和行业部门之间的联系与合作。目前,我国行业机构在高职教育和产教融合中的作用还未得到发挥,只有一些高职教育学术团体在这方面发挥了一定的积极作用,如1985年成立的中国高等职业技术教育研究会(1988年前称为中国职业大学研究会)就是一个群众性的学术团体,另外还有2002年成立的全国高职高专校长联席会议,是一个在教育部指导下形成的具有半官方半民间性质的教育团体,每年都会召开一次主题会议,如2007年2月在南京召开的第七次研讨会——以示范院校建设促高职内涵发展案例研讨会。这些学术团体除了进行高职教育和产教融合的研究工作外,还有向政府提供高职教育发展政策建议和进行服务咨询的功能,促进了政府、学校和社会之间的沟通和对话,为积极推动我国高职教育和产教融合的改革与发展起到了积极作用。

　　我国高等职业教育建设除了要重视教育学术团体的建设和发展,更需要重视对行业协会和一些跨领域的专业协会的建设和扶持,只有这样才能促进高职教育和产教融合的顺利有效实施,也才能真正解决行业企业在合作中的"一方冷"现象。

二、职业资格制度建设是一大特色

　　职业资格制度建设是高职教育发展的一个重要环节,职业资格制度是保证具备特定技能的人才有资格进入具体职业领域,只有使职业资格证书具有了与普通高等教育学历文凭同等重要的地位,严格执行劳动者在就业前或上岗前接受必要的职业教育和培训的制度,才能树立起高职教育的地位,建立起高职教育产教融合的特色。要获取职业资格必须要经过规范的教育和培训,达到国家制定的职业标准。只有制定统一的国家资格框架和职业资格标准,才能从根本上保障职业教育和普通教育的平等地位,为两种教育体系的衔接和沟通架设了桥梁,推动高职教育产学结合的发展。

在我国,目前政府在建立和完善职业资格体系的过程中占据绝对的主导地位,20世纪90年代以来,我国的职业资格证书和劳动就业预备制度开始实施,《职业技术鉴定规定》《职业资格证书规定》《中华人民共和国劳动法》《招用技术工种从业人员规定》《劳动预备制培训实施办法》等法规政策相继颁布实施。1999年我国劳动和社会保障部正式颁布了《中华人民共和国职业分类大典》。为我国职业资格体系的建立奠定了基础。国家职教法也对劳动者在就业前或上岗前接受必要的职业教育和培训,以及在实行学历证书、培训证书和职业资格证书制度方面做出了规定。虽然这些政策法规的出台对推动职业教育的发展起了积极作用,但在我国不够完善的社会劳动保障体制和政策法规环境背景下,这些政策法规的执行效果并不理想,还存在很多问题,有法不依、执法不严的现象十分普遍。

我国职业教育证书包括学历证书和职业资格证书两种类型。高职教育课程教学由于沿袭了普通教育的传统做法,是以专业、学科的形式来进行设计开发的,在一定程度上导致了高职教育学历教育与职业资格认证培训之间的脱节,加之国家职业资格框架还没有建立,高职教育与职业资格证书制度的有效衔接也尚未形成。我国现行的职业资格证书也是证出多门,质量不高,职业资格证书目前由不同的部门和行业进行管理,缺乏统一的质量标准和评价标准。学历教育由教育部管辖,而职业技能和专业技术等级证书由劳动人事部门负责,劳动部门负责以技能为主的职业资格鉴定和证书的核发与管理,人事部门负责专业技术人员的职业资格评价和证书的核发与管理工作。其他政府各职能部门也从各自利益出发,实施了各种培训并以此发放与行业岗位相应的行业证书和上岗证,在职教证书的内容和要求上,相关部门缺乏沟通,导致各类职业培训证书种类不全,认证标准不统一,互不承认,通用性差,缺乏规范和权威,随意发证的情况十分普遍。比如,物流师证书,就有中国物流师协会、中国商业技师协会、交通部运输协会同时参与发放;电子商务师证书的发放,教育部考试中心、中国电子商务师协会、信息产业部、劳动和社会保障部也都各自为政,层层设卡。英国历史上也出现过类似的情况,英国教育部和就业部在职业教育管理职能上相互交叉,存在许多矛盾。1986年,英国教育部和就业部因国家职业资格证书与普通教育文凭之间的等价性产生了利益之争,使这一重要举措的实施困难重重。1995年英国将教育部和就业部合二为一,成立了教育与就业部(Department for Education and Employment,简称DEE),重新进行了职能划分,2001年,教育与就业部又更名为教育与技能部(Department for Education and Sill,简称DES),争夺战也由此而告终。

三、加强法规政策建设和政府有效管理是保障

通过立法手段,制定和实施法律法规是政府对高职教育进行调控和管理的重要手段。从某种意义上来说,国外高职教育和产教融合的发展历史就是职业教育法制化的过程。综观发达国家,无一不是通过立法方式来维持和促进高职教育的发展,保障产教融合的开展。

我国高职教育虽起步较晚,但国家对职业教育非常重视。先后有《中共中央关于教育体制改革的决定》(1985)、《国务院关于大力发展职业教育的决定》(1991)、《中国教育改革和发展纲要》(1993)、《中共中央国务院关于深化教育改革全面推进素质教育的决定》(1999)、《面向21世纪教育振兴行动计划》(1999)、《国务院关于大力推进职业教育改革和发展的决定》(2002)、《国务院关于大力发展职业教育的决定》(2005)等重要政策出台。事实上,国家对开展高职教育产教融合的教育政策是明确的,有关高等职业教育和产教融合方面的政策也不可谓不多,但与之相配套的可操作性强的政策法规始终未能出台,尤其是内容详尽、针对性和操作性强的法律法规几乎没有。校企之间的合作多处在一种自愿状态,缺乏相关法规细则的监督。目前,这个问题已经显得相当突出。可操作性强、条例细化的政策法规建设已经远远落后于高职教育和产教融合发展的要求,使得进行合作的院校和企业感觉有心无力,障碍重重。

到目前为止,我国颁布的与高等职业教育有关的法律,主要有《中华人民共和国教育法》(简称《教育法》)、《中华人民共和国职业教育法》

（简称《职业教育法》）和《中华人民共和国高等教育法》（简称《高等教育法》），这三项法律对高职教育的描述条款都十分有限，大多是原则上的规定。总体而言，关于职业教育的法律法规建设还仅仅是刚刚起步，针对高职教育的法律法规更是严重不足，缺乏系统性和指导性的法规条文。比如，《职业教育法》中对产教融合有着明确规定：职业院校、职业培训机构实施职业教育应当实行产教融合，为本地区经济建设服务，与企业密切联系，培养实用人才和熟练劳动者，这一法律强调了产教融合在职业教育中的重要地位。但如何进行产教融合，涉及具体的"操作实施细则"时依然是无法可依。职业院校与企业进行产教融合的具体操作法规至今未见出台，而产教融合也多处于自发和放任自流的状态，所以需要在《职业教育法》纲要依据的基础上制定一系列相配套的地方法、行业法、部门法和单行法，如《高等职业教育法》《产教融合实施条例》之类的专门性法规，形成一整套完备的职教法规体系是当务之急。同时，要根据社会经济发展的现实情况对法律法规进行适时的修订和完善，如高职教育也是一种高等教育，《高等教育法》也应该进一步明确规定有关高职院校产教融合的内容，对校企之间的权责和基本保障做出规定。根据发达国家高职教育和产教融合的成功经验，政府制定并有效实施鼓励企业参与产教融合的具体法规和政策是很有必要的，而我国需要制定更为具体详细的高职教育和产教融合方面的法律政策，将校企双方合作的责、权、利用法律手段固定下来，以确保产学教融合的开展真正落到实处。

第三节　现代职业教育产教融合的发展方向

一、从"融入"走向"融合"

深化产教融合的关键在于供需对接、资源转化、价值交换和利益共享，在于资源、平台与机制等要素的系统化，这样才能形成教育链、人才链、创新链和产业链的贯通融合,共同推动教育与产业协同发展。

(一)"融入、融通、融合"是产教融合演化的三个层级

产教融合分为三个层级:从融入融通再到融合,这一过程是逐步演化的。

首先是融入,其前提在于供需的精准对接。职业教育中应该敢于创新,敢于突破,将以往封闭办学、自我循环的情况加以改善,对准社会的需求与行业需求,融入企业的生产与研发环节,并结合行业未来的发展趋向进行办学。

其次是融通,职业教育中应该将其核心使命,即五大职能——人才培养、科学研究、社会服务、文化传承、国际合作进行连接,发挥其协同作用,在与企业合作中逐渐打通人才培养、进行应用研究,实现知识与技能的贯通。

最后是融合,即基于前面两项,实现更深地融合,真正地做到合二为一,融为一体。

(二)"转化、创造、共享"是产教融合机制形成的核心途径

要想形成融合机制,就需要职业教育产教融合各个层面的同步规划、同步发展,核心途径在于对资源要素进行转化,创造利益共同体。

首先,应该实现产教资源要素的转化,一方面要将教育要素、创新要素转化成企业、行业现实生产要素的竞争力;另一方面要把企业的生产要素、生产过程等转化成学校的教育场景与要素,真正实现产教要素的转化。

其次,创造产教融合利益共同体,一方面要将各个价值诉求进行挖掘,寻求利益共同点,从而在需求对接中促进价值的交换;另一方面要完善价值交换的顶层设计,搭建价值交换平台,形成建立在利益共同体上的各方之间的长效合作机制。

最后,实现价值的共享,将各个产教融合的积极要素调动起来,在市场机制与价值规律的制约下,促进产教融合发展的大格局。

（三）"资源、平台、机制"是产教融合发展的关键要素

当前，我国职业教育中产教融合的情况并不深入，主要原因在于资源、平台、机制三个要素的缺失，从而无法构建一个产教贯通、协同的生态系统。教育部门在规划中，应该深化产教融合，推动地方将全球创新要素汇聚，集合网络化、平台化、生态化思维，构建创新理念，构建"行业领先企业＋高校＋专业服务机构＋中小企业群"的产教融合发展平台，为进一步深化产教融合提供了研究基础、理论支持和参考经验。

二、从"双主体"走向"共同体"

职业教育作为一种以就业为导向的教育类型，承担着"使无业者有业，使有业者乐业"的使命，因此职业教育应当通过产教融合、校企合作等方式与产业发展和就业市场相适应。2019年，国务院印发《国家职业教育改革实施方案》，强调促进校企"双元制"育人，指明了产教融合是职业教育的精髓和改革方向。本书在完善高职院校内部治理体系、完善协同育人机制、资源共建共享、推动产学研合作等方面展开校企双主体办学模式策略分析及探索，对于进一步推进校企合作，构建校企命运共同体具有十分重要的现实意义。

（一）深化双主体办学模式，构建校企命运共同体的必要性

在全面推进现代大学制度建设的新形势下，深入贯彻习近平总书记在全国教育大会上的讲话精神，进一步深化校企双主体办学改革，构建校企命运共同体，在新的时代潮流下为社会发展提供技术技能人才，是职业教育不断提升现代化水平的必然要求。

1. 打造校企命运共同体是职业院校寻求内涵式发展的根本选择

高职教育作为以培养专科及其以上高层次、多样化、高素质劳动者和技术技能人才为主要目标的一种类型教育，其最突出的特点是学校与企业、知识学习与技能训练的结合十分紧密。而在产业转型升级和高职

教育发展方式转变的大背景下,社会对技术技能人才培养质量提出了更高要求。由此,职业院校要提升内涵建设,必然需要调动企业参与积极性,使校企双方资源充分融合,进一步激发办学活力,才能有效提高人才培养质量更快更好地实现高职院校内涵式发展。

2. 打造校企命运共同体是培养大国工匠技能型人才的时代召唤

培养大国工匠是时代呼唤,也是职业教育应当承担的历史使命,新时代习近平总书记对职业教育人才培养提出了明确要求和方向指引:"努力培养数以亿计的高素质劳动者和技术技能人才"。职业教育新的时代任务,就是要通过培养更多工匠型技能人才为我国由制造大国向制造强国转变提供新生动力,为我国经济社会由高速增长转向高质量发展解决人才供给侧结构性矛盾。这就要求职业院校在人才培养中加快校企深度合作,构建校企命运共同体,探索人才培养新模式,真正实现职业教育与行业产业深度融合及学校专业与企业职业、课程体系建设与职业标准制定、教学与生产有机融合。才能够为国家现代化建设与发展输送新时代的"大国工匠"。

(二)深入推进校企双主体办学模式,构建校企命运共同体的策略

要从完善学校内部治理体系、完善协同育人机制、资源共建共享、推动产学研合作等方面开展研究,探索搭建产教深度融合平台,吸引企业力量参与学院综合治理,把职业教育人才培养目标与行业企业人才需求有机统一。要打造"智合、人合、利合、资合"的双主体融合办学模式,构建校企命运共同体,从而加快校企合作、产教融合向纵深发展,培养更多适应社会需求的创新型、复合型高素质技能人才,推动地方经济持续、健康、高质量发展。

1. "智合"——校企双主体完善协同育人机制

以产教融合联盟作为平台,将校企共建特色专业作为依托,完善协同育人的机制。引入行业企业专家,与学校共同构建指导委员会。引入企业专门的技师,负责学校的教学工作。在专业共建上,通过各大企

的专班模式,推进产教融合校企协同育人。

通过对专业结构进行调整,搭建专业与岗位对接的桥梁;通过完善课程体系,实现课程内容与职业标准对接;修订人才培养方案,实现教学过程与生产过程对接;推进双证互认制度建设,实现学历证书与职业资格证书对接。同时,在专业教学中加强行业规范、企业文化和职业素养培养,全方位、多角度深化人才培养模式和教学模式改革,培养符合社会所需要的高素质高技能型人才。另外,企业也可以通过校企合作为自身的进一步发展找到智力支持,为人才提供相应储备。

2. "人合"——校企双主体创新学院治理体系

目前,大部分高职院校实行校院双级分权治理制度。可在学校宏观调控的基础上,充分发挥二级学院校企合作的自主性,以二级学院为主体吸引企业深入参与到学院内部治理工作中,打破原有管理结构,在班子成员、教师互聘中与企业人员形成双向流动,激发企业参与办学活力,企业与二级学院教授委员会、教代会、学生代表大会、校企合作委员会深度融合,参与决策,打造全新的双元制治理体系。

3. "利合"——校企共同分享职业教育发展红利

所谓利合,即校企利益互相捆绑、互相渗透,二者形成紧密结合的命运共同体。引入市场化运作的办学模式,多元化的职业教育形式将有利于实现校企共同分享职业教育改革创新红利,职业教育以企业需求为导向,把学校建在产业链上,从而促进教育链与产业链的深度融合。校企共同搭建产学研合作平台,推进务实合作。学校依托自身专业特色,以企业需求为导向,加大科研攻关投入,加强科研成果转化服务企业力度,改变一味追求规模扩张的松散型合作现状,实现从"有合无融"到"既合又融"的内涵提升。携手发展,构建知识共享、成果共享的互利共赢长效机制。

4. "资合"——校企联合资源共建共享

积极探索与企业合作共建网络搭建、实训室、技能竞赛平台搭建,合作共建名师工作室,名师课堂等,实现校企资源共享。校企双方按照平等互利、共同发展原则签订资源共享协议,确保通过教师互聘、技术支持等实现人力资源共享,通过共建信息平台实现信息资源共享,支持职业院校和企业以股份制的形式共建公共实训基地,实现实训资源共享。同时,支持公办和社会力量举办的职业院校相互委托管理,助力破解过去职业教育人才培养达不到生产实践需求的尴尬境地,实现学校办学与企业发展的互利共赢。

三、从"学徒"走向"工匠"

工匠精神是技术工人的职业灵魂。现代社会,即便科学技术日新月异,具有工匠精神的优秀产业工人在生产中的创造力和能动性依然举足轻重。一定意义上,制造业文化就是工匠文化,尤其是高端制造业,往往需要从业者具备工匠精神。在飞速发展的时代,人们的心灵易于在快节奏中迷失,踏实工作的人少了,急于求成的人多了,社会风气变得浮躁了。工匠精神好比一剂"清心剂",提醒人们静下心、多钻研,专注当下、投入工作。如果工匠精神能成为产业工人的共识,"中国制造"品质的提升和竞争力的增强就会指日可待;如果工匠精神能成为全社会的共识,各行各业都以追求极致、做到最好为目标,就可以有力助推中国经济发展,加快全社会凝神聚力共圆"中国梦"的进程。

所谓工匠精神,简单来说,就是敬畏工作、专注技艺和追求精益求精的精神。把工匠精神放在工业生产中来看,它强调的是工业化生产过程中的严谨、一丝不苟、专业和耐心。在一个行业内专注工作、出类拔萃的人,才会被尊称为工匠。而这些人身上所具备的严谨、专注、敬业精神就是工匠精神。工匠精神是工匠们对产品的精雕细琢,对细节的完美追求,他们不惜花费时间和精力,孜孜不倦,反复改进产品,执着地把品质优良率从99%提高到99.99%,其利虽微,却长久造福于世。

工匠精神是技术工人的职业灵魂。不管从事什么职业、什么工种,只有把将事情做到最好、将技术做成艺术的工匠精神当作一种信仰的人,才会力争在工作中尽善尽美,绝不会浅尝辄止,更不会敷衍应付。有这种信仰的人对产品的任何细节都充满了近乎狂热的苛刻,没有最好、只有更好是他们永远的追求。

在日本,工匠精神的内涵是,追求自己手艺的进步,并对此持有自信,不因金钱和时间制约自己的意志或做出妥协,只做自己能够认可的工作,一旦接手,就使出浑身解数完成。这也与我们所提倡的工匠精神不谋而合。

应该说,工匠精神是我国技术工人队伍的一项优良传统,其核心理念是"精益求精",说到底是劳模精神的一种体现。凭着这种精益求精、专心敬业的精神,技术工人在共和国的工业史上创立了一座座辉煌的丰碑。然而,近年来,由于新兴产业的兴起,更多的人成为新兴行业从业者,工匠精神慢慢被淡化,高水平的技术工人越来越少,能称之为"大国工匠"的工人更是凤毛麟角。而当前,对"中国质造"的追求急需这种精益求精、专心敬业的优良品德。

第三章
现代职业教育产教融合校企合作

能否推进工学结合的具体运作关键在于校企合作的成果。校企合作并不是各尽所长、各取所需的互补性合作,而是校企共同体的发展性合作。当前,职业教育应该加强校企合作,并推进校企融合。

第一节　校企合作概述

一、校企合作的内涵

实行教育与生产劳动相结合是党的教育方针的重要内容,也是马克思主义教育思想的重要内容。对于职业教育来说,实行教育与生产劳动相结合,具有更加重要的意义,是职业教育改革与发展的必然要求,这是由职业教育的本质特征所决定的。发展有中国特色的职业教育必须研究校企合作,因为校企合作是职业教育的重要特征之一,也是产教融合的重要基础和前提。只有坚持校企合作,才能办出职业教育的特色。

学校与社会用人部门结合、师生与实际劳动者结合、理论与实践结合是人才培养的基本途径。或者说,教学与生产服务、科技工作以及社会实践相结合是培养技术技能性应用型人才的基本途径。这是职业教育人才培养模式的基本特征。[1]

二、校企合作的理论基础

校企合作从萌芽时期就有坚实的理论基础,在国内外无论是从教育学、心理学,还是经济学角度来说都有校企合作的理论依据。

(一)当代职业教育理念

当今时代,一个国家想要持续发展,必然要求国民具备现代人应该具备的素质。说到底,推动经济社会发展,人才是关键。现代经济、政治和社会文化生活的实践,是造就现代人的土壤,是培养现代思维方式的最佳摇篮,因此必须全面正确地理解这种在现代化过程中人与物之间的

---

[1] 邢晖:《多角度解析"工学结合""半工半读"》,《中国教育报》2006年第11期。

辩证关系。美国人类文化和社会心理学家阿列克斯·英格尔斯在其著作《人的现代化》中提出,"如果一个国家及其人民缺乏一种能赋予这些制度以真实生命力的广泛的现代心理基础,如果执行和运用这些现代制度的人自身还没有从心理、思想、态度和行为上经历一个向现代化的转变,失败和畸形发展的悲剧结局不可避免。再完善的现代制度、再先进的技术工艺,也会在一群传统人手中变为废纸"[1];同时,他还指出,"人的现代化首先是全体国民、整个民族的整体统一现代化,包括心理、思想、态度和行为的现代化"。英格尔斯强调,人的学习、工作经历对其成为现代人有着重要作用,并提出了"现代人的十二个标准"[2],如思路广阔、尊重知识、重视专门技术、熟悉生产过程、敢于挑战等。

随着我国改革开放的进一步深入、国民经济高速发展,结合我国当前的国情与人才需求,无疑对我国当前的职业教育提出新的要求。中科院中国现代化研究中心曾有报告显示:如果按照工业劳动生产率、工业增加值比例和工业劳动力比例三个指标的年代差的算术平均计算,2010年,中国工业经济水平比德国和英国等大约落后一百年。《光明日报》驻柏林记者曾就职业教育问题发布专题报道《德国人为什么不挤破脑袋考大学》,其中提到"德国职业教育与实践'无缝对接'""德国社会对职业教育高度认同",报道表明国家对职业教育事业的重视,教育体制、经济结构和全社会的大力支持是提高人口素质、就业率的重要因素。2014年2月,李克强总理主持召开国务院常务会议,部署加快发展现代职业教育,表明应将加快发展当代中国职业教育列为国务院工作的重要事项。他强调,"职业教育大有可为,也应当大有作为;要把提高职业技能和培养职业精神高度融合……培养大批怀有一技之长的劳动……使'中国制造'更多走向'优质制造''精品制造'……让现代职业教育助推经济社会取得更大更好发展"。[3]同年6月,在北京召开的全国职业教育工作会议上,习近平主席也指出,"创新各层次各类型职业教育模式,努力建设中国特色职业教育体系。要加大对农村地区、民

---

[1] 林梅:《校企合作与人才培养》,吉林人民出版社,2019,第17页。
[2] 同上。
[3] 同上,第18页。

族地区、贫困地区职业教育支持力度,努力让每个人都有人生出彩的机会"。①

一直关注职业教育的葛道凯提出了"职教改革发展的四个梦想":其一,所有接受过职业教育的人,一言一行、一招一式都能体现良好的职业素养;其二,每一所职业院校在培养合格毕业生的基础上,每年都有出类拔萃的职业教育精英走向社会;其三,广大企业参与职业教育全过程成为社会的普遍现象;其四,学生在职业院校的学习过程成为享受生活的过程。有吸引力、有光明未来的职业教育,才能吸引人,才能培养人,才能有中国的未来。

(二)能力发展的个体差异理论

能力是顺利、有效地完成某种活动所必须具备的心理条件。有些心理条件是从事某一活动所必需的,如敏锐的听觉是音乐能力所必需的,但是有一些心理条件是从事任何活动都必须具备的,如观察力、记忆力、思维力、想象力等。能力不是知识和技能,但与知识和技能有着密不可分的关系。能力是掌握知识和技能的前提,决定着掌握知识和技能的方向、速度及巩固的程度和所能达到的水平。

能力发展水平有高低的差异,但就全人类来说,能力的个体差异呈正态分布。人们在能力的不同方面所表现出来的差异,包括感知能力、想象力以及特殊能力等。能力除了在类型方面有差异之外,在发展时间的早晚上也有差异,影响能力发展的因素有遗传、环境和教育等。根据该理论,职校在人才培养的过程中,需要全面了解学生的能力,把职业测评和课堂教学联系在一起,以根据学生的能力差异,因材施教,有针对性地培养,以更好地满足企业对人才的具体要求。

(三)人格理论

关于人格结构的主要理论有动力理论(弗洛伊德的人格结构理论)、类型理论(荣格的内外人格类型理论)、特质理论(奥尔波特、卡特尔、艾森克的人格特质理论)和人格五因素模型,这些理论有的把人格分成三

① 林梅:《校企合作与人才培养》,吉林人民出版社,2019,第19页。

个层次,即本我、自我、超我;有的把人格分成内向型和外向型;有的把人格特质分成共同特质和个人特质两类;有的提出人格五因素包括神经质、外倾性、经验开放性、宜人性和认真性。通过人格理论可以更好地了解个体人格的多方面,在个体的职业发展、学校的就业开展、企业的行业发展中,可以达到人职匹配,进而在校企合作过程中取得更好的效果。

三、校企合作的意义

(一)校企合作是适应我国经济科技发展的需要

我党一贯坚持的教育方针是坚持为社会主义现代化建设服务、坚持为人民服务,坚持与实践结合起来,培养德智体美全面发展的社会主义建设者与接班人。而校企之间的合作,本质上就是实现教育与经济的结合。校企合作是与我国经济科技发展的需求相符合的,是教育与实践结合的具体形式与手段。

(二)校企合作是高等教育人才培养模式创新的需要

《教育规划纲要》中强调要对人才培养观念进行革新,指出要不断深化教育体制改革,关键是更新教育观念,树立全面发展的理念,为社会培养出高素质的人才。

长期以来,我国的职业教育存在教学与实践脱节的情况,一些学生只学到了一些书本理论知识,但是忽视了实践,导致他们缺乏实际操作能力,缺乏团队协作能力。当前,很多学生就业困难,因此作为培养技能人才的职业院校,应该重视理论与实践的结合。而校企合作的形式,恰好解决了这一问题。

(三)校企合作是高校、企业达到"双赢"目的的必然选择

从企业角度来看,随着我国社会的进步、经济发展和科技创新,以及管理理念的不断提升,大批新技术、新工艺在企业中得到应用,对企业的生产管理、技术管理、信息管理、财务管理、安全管理等要求也不断

提高；同时，企业为建设高素质的员工队伍，实现对内增强凝聚力、向心力，对外增强竞争力要求，企业文化建设也提到了议事日程上来。因而，企业面临着引进人才和员工培训双重任务。传统的"以师带徒"和直接从学校招聘毕业生模式都难以满足企业对高技能人才的需求，通过校企合作模式，可以使企业提前介入高校，参与专业培养目标和人才规格的确定，参与教学计划、课程设置的制订，参与人才培养的实施过程，这样就可以保证培养出来的人能适应社会各个行业不同岗位的需要；通过校企合作模式企业为高校提供实习场地，组织学生开展"顶岗实习"，采取联合培养、订单培养、集中培训或委托培训等方式，企业就可以按照自己的需要获得相应的技术和管理人才；通过校企合作模式企业还可以依托高校资源，在开展员工培训、项目开发等方面获得收益。从高校角度来看，为适应高等教育大众化阶段对人才培养质量的要求，可以借助校企合作，提升高校人才培养、科学研究和社会服务水平。

通过校企合作给教师提供企业实践机会，可以提高教师的理论与实践的结合能力，了解企业发展的动向，促进科研成果的转化；通过校企合作建立校外实习基地，可以促进学生掌握实践技能，培养适应行业、企业所需人才；通过校企合作建立就业基地，促进学生就业，满足经济社会发展需要；通过校企合作联合开展科学研究和项目开发，有利于了解企业现实与发展的动态，有针对性地开展学科建设和科学研究工作。

第二节　产教融合校企合作办学模式

一、基于不同目标导向的模式

王章豹教授根据校企合作目标导向的不同，将校企合作模式分为如下四种：[①]

[①] 王章豹、祝义才：《产学合作：模式、走势、问题与对策》，《科技进步与对策》2000年第9期。

(一)人才培养型合作模式

这一模式是企业从市场需求与自身特点,同职业院校展开订单式培养模式。在人才培养上,很多校企建立了合作关系。

一方面,职业院校可以利用科研条件,为企业培养定向科技人才与管理人才,这一定程度上可以解决企业人才匮乏的问题。

另一方面,企业可以运用先进的设备,为职业院校提供实习基地,这也成为职业院校培养人才的重要内容。

采用这一模式,职业院校主要是为了提升学生的创新与实践能力,企业则是为了根据市场与生产开发高素质的创新人才。这一模式的特点在于以合作教育作为手段,通过定向模式为企业培养人才。

(二)研究开发型合作模式

这一模式是校企双方以科研为突破口,促进双方科技与经济的结合,提升各自的企业技术创新能力。一般的形式是职业院校向企业转让科技成果,或为企业提供管理、技术咨询;校企之间联合开发重要科研项目;校企共建联合实验室、工程研究中心等。

(三)生产经营型合作模式

这一模式指校企开发科技含量高、附加值大的产品,用以满足市场的需求,提升企业效益。在这一模式下,职业院校一般以技术入股,参与技术开发,个别职业院校也会注入一定的资金,实现双方的共赢,当然也共担风险。

(四)主体综合型合作模式

校企双方合作的目的具有多向性,即通过深层次的合作,实现培养创新人才的目的,同时还能够获取最佳的利益。这一合作模式不是一对一的合作,而是一对多、多对多的合作,这一模式便于建立较大的产业园、科技园。

二、基于不同主体作用的模式

李焱焱等根据校企合作的主体作用不同,将校企合作的模式分为以下三种:[①]

(一)企业主导型校企合作模式

这一模式是企业为了与市场需求相符合,一方面要不断提升企业自身的研究能力,另一方面还要寻找高校进行合作。企业占据主导地位,并承担着相应的科研风险,职业院校的技术创新活动围绕着企业的需要展开,其研发形式、研发内容往往是由企业做决定的。

(二)高校主导型合作模式

职业院校凭借自身的技术、人才从事创新工作,成熟之后可以将技术转让,提供给企业尤其是中小企业,实现技术从成果到利益的转化。在这一模式下,职业院校占据主导地位,对研发内容、合作等起着决定作用。

(三)共同主导型合作模式

在这一模式中,校企是平等的关系,并不存在谁主导谁的问题。二者以利益作为纽带,以契约作为依据,发挥各自的设备、技术、资金等的优势,共同开发、共担风险、利益共享。由于这一模式减少了技术向市场转化的步骤,因此这一模式是最直接的校企合作模式。

---

① 李焱焱:《产学研合作模式分类及其选择思路》,《科技进步与对策》2004年第10期。

第三节　产教融合校企合作机制

一、理事会日常工作机制

理事会、常务理事会建立定期会议制度,形成了定期沟通机制,有效加强交流与合作。校企合作办学理事会每年召开两次理事会大会和若干次常务理事会。理事会大会由副理事长主持,理事长做年度工作报告,并主持讨论和部署下一年度工作计划,表彰校企合作先进单位和先进个人。常务理事会每季度召开一次,主要内容为审议新修订、新出台的制度文件,审议常务理事单位增补名单等。定期的交流和沟通机制,有助于及时了解双方合作需求,互通政策信息,听取意见和建议,有效加强了政府、院校、行业、企业之间的沟通和联系,为校企合作办学奠定了共识和基础,也创设了更多合作机会和可能。

二、校企"双师"双向交流机制

校企共同修订完善《关于"双师"双向交流的实施意见》等文件,不断完善"责任明确、管理规范、成果共享"的"双师"双向交流机制。聘请企业工程技术人员承担实践教学任务,与学校教师共同开发实践教学课程内容,负责学生技能训练指导;专任教师到合作企业顶岗实践,提高教师实践能力;教师参与企业的技术革新、设备改造与新产品的研发,承担企业员工继续教育的培训工作。通过校企合作实现专任教师与企业技术人员对接,解决"双师素质"教师队伍建设问题,构建校企教学研究团队和技术创新团队,深入钻研技术、研发新产品新工艺、开发实践教学体系,共同开发和实施工学结合课程、共同开展技术研发,提高教育教学水平和企业生产效率。

三、校企实践基地共建机制

校企深度融合,共建"校中厂",引进企业进驻学校,企业按生产要求提供建设生产车间的标准、加工产品的原材料和产品的销售,学校提供符合企业生产要求的环境、场地和设备,建立生产型实训基地、教学工厂。企业选派人员管理工厂——生产经营,指导师生的生产、实践和实习实训,帮助学校建立实训课程体系;学校按照生产要求,将实训课程纳入整个教学体系当中,安排学生到"校中厂"顶岗实习,派教师到"校中厂"实践。

四、校企双向服务机制

校企共同修订完善《校企合作实施办法》《科技特派员工作管理程序》等文件,运用职业院校的人力资源优势以及先进的设备,与企业共创集合生产、科技、人才、应用等为一体的运作体系,形成校企共赢的局面。

校企双向服务的内容包含如下几点:

第一,依托校企合作办学理事会,发挥职业院校自身的职能,依托企业行业优势,运用教学资源,建构优势互补的双向服务机制。

第二,建设专业课程与资源。校企双方应该从市场人才需求情况出发,共同开发专业课程,建立能够将职业能力培养突显出来的课程标准。企业也需要提供相关的行业技术、职业资格标准,运用自身的素材,对校方的教学资源库加以丰富。

第三,实行订单式人才培养。在招生之前,校方与企业签订办学协议,展开订单式人才培养模式。校企双方共同制订课程标准、人才培养方案,专业课由学校的教师进行讲授,企业负责学生的实习,毕业后直接参加工作,实现企业的要求。

第四,进行科技开发合作。校企双方进行各个层次、类型的科研开发,校企联动参加行业活动,双方将各自的优势发挥出来,与具备地方特色的各个行业展开深层次合作，争取地方政府的支持。

第五，校企双方合作构建双师队伍。可以聘请一些专家或者技术人员来担任兼职教师展开教学，承担一部分的实习培训工作，也可以为教师举办培训班，深化他们的技能。

第四节　现代职业教育产教融合校企合作路径

一、产教融合校企合作路径

（一）建立健全法规保障机制

当前，我国的职业院校在实现产教融合、校企合作的过程中，严重缺乏政府的政策支持和科学、完善的指导体系，导致实现产教融合、校企合作的效率低下。针对这种状况，首先要建立健全相应的保障机制，为职业教育实现产教融合、校企合作提供制度依据，坚持依法治理，只有这样才能确保职业院校产教融合、校企合作体制的建立健全和有效实施；其次，建立相关的制度可以确保职业教育在经济社会发展过程中的重要地位，通过加大投入力度来确保职业教育人才培养的有效进行，同时通过法规的制定来带动职业教育产教融合、校企合作体制的实施；最后，建立现代职业院校制度，以此来引导职业院校走上职业化的管理之路，引导职业教育走进企业实践，在教学实践中全面推动校企融合。

（二）建立资源多元化配置机制

经济条件是职业教育实现产教融合、校企合作的基础和前提，只有足够的资金支持才能保障职业院校教育改革的有效进行，所以想要保障职业教育产教融合、校企合作机制的有效运行，首先要保障资金来源的多元化。要建立起资源多元化的配置机制，保障不同层次的职业院校以及行业组织有机融合在一起，优势互补、资源共享，并实现真正意义上的产教融合、校企合作，为企业的发展培养出更多的技术性人才，缩小企业人才需求与实际教学模式之间的差距,将行业资质、校企合作以及社会组织进行整合,通过建立资源多样化配置机制来满足企业对技术性人才不同程度和不同层次的需求,进而促进职业教育产教融合、校企合作体制的科学健康发展。

二、校企合作育人案例——以三真三入：电子商务类专业校企协同育人的创新与实践

（一）成果简介及主要解决的教学问题

1. 成果简介

本成果主要解决在互联网技术日新月异、电商产业迭代升级背景下,校企如何通过创设全"真"的教、学、做一体的协同育人环境,克服传授贴近实践知识的师资匮乏,教授的知识与企业需求严重脱节,技能训练仅靠"虚拟软件模拟",而带来学生专业学习迷茫、择业盲目、综合实践能力不足进而无法快速融入企业等问题。

2009年以来,我校电子商务专业依托浙江省新世纪教改课题《基于服务外包发展环境下的校内生产性实训基地运行模式的探索与研究》,以校企共建宁波中小企业电商外包服务基地校内生产性基地为起点,与公牛电器、GXG等企业共育电商平台运营专才为试点,开始了"三真三入"校企协同育人的探索,形成的阶段性成果《基于生产性实训的电子商务专业实践教学改革与研究》《基于"专业—产业链"双链对接的电子商务产业学院探索与实践》《校企一体化跨境电子商务实战教学模式的构建与实践》均获宁波市高校教学成果奖,"三真三入"校企协同育人模式从"试点示范"到"面上推广",进入"整体提升、高质运作"阶段,逐步走向成熟。

十二年来,我们围绕"真题实做,以校企资源共享助学生入门；真岗实练,以校企双师共育助学生入行；真绩实聘,以校企多维共评助学生入职",助力学生实现从"门外汉"到"专业人士"的华丽转变,学生和专业竞争力显著提升,获得省级及以上专业技能大赛一等奖15项,近三届

毕业生创业率近20%；建成国家共享、示范课程2门，全国课程思政示范课程教学团队1个；出版各类规划教材10部，产教融合教材8部；荣获全国教师教学能力竞赛一等奖1项，省级一等奖6项；入选浙江省高水平建设学校A类建设专业群。

2. 成果解决教学问题的方法

（1）真题实做，以校企资源共享助学生入门。校企采用"五共同"合作开发课程资源：校企双方共同开发课程、共同实施教学、共同指导竞赛、共同编写教材、共同建设实训基地，开展双主体育人，实施双元制课堂培养模式。通过企业"三进"（项目进课程、导师进课堂、案例进课本等）引导学生熟悉电商业务流程和操作技能。通过入企现场教学，熟悉电商平台运营、网络客服专员、新媒体运营、电商数据分析、平台推广等电商岗位群职责与职能，引导学生结合个人兴趣爱好和特长明晰职业发展方向。

（2）真岗实练，以校企双师共育助学生入行。一是以企业外包项目为载体，实施ABC梯队培养模式。师生双向选择，每位导师带10—15个学生，形成第三梯队（C类）；培养过程中择优进入第二梯队（B类），指导承接企业项目；再择优进入第一梯队（A类），成为导师助手参与管理。二是以产教融合项目为载体，实施跟岗、选岗、适岗递进培养模式。跟岗阶段，学生跟着高年级学长熟悉基本操作；选岗阶段，学生企业双向选择，以店小二（学徒）和账房（网店店助）身份从事企业真实电商项目；适岗阶段，学生以掌柜（网店店长）和大当家（项目负责人兼多家网店店长）的角色，独立承担企业电商项目。

（3）真绩实聘，以校企多维共评助学生入职。基于学生的"双身份"（学生和学徒），实施"双标准"多维业绩评价：学校着眼于知识、能力、价值塑造维度，企业着重于工作态度、工作能力、工作业绩维度。以运营助理岗位为例，其考核指标及权重为：日常工作（20%）、推广数据统计（20%）、竞店数据统计（20%）、临时加派任务（10%）、部门协作（10%）、工作态度（10%）、学习能力（10%）、出勤（基础考核）。以业绩定岗，引导学生步入"正式员工→主管→新公司合伙人"的职业发展通道，毕业前 50% 学生晋升主管、10% 成为企业合伙人。

（二）成果的创新点

1. 实战性：从真题实做到真岗实练，真正实现"四对接"

全"真"实战教与学环境打破了技能训练仅靠"校内软件模拟"的弊端，依托学校中小企业服务外包基地承接的 505 个电商代运营项目和 3 个合作园区，以企业电子商务项目运营为主线，从真题真做到真岗真练，实现了课程群与岗位对接、实训内容与企业真实业务对接、学生角色与员工角色对接、毕业与就业对接。

2. 过程性：从个性化发展到全面发展，助力精彩人生

根据学生特长和兴趣爱好选择企业和项目，充分满足学生的个性化发展需求；依托企业"三进"、真实项目运营、"双 11"专业实践、岗位实习等形式，将敬业爱岗、团结互助的职业精神，吃苦耐劳、勤学苦练的劳动精神，拼搏进取、大胆创新的创业精神，处事稳健、乐观自信的心理素质培养融入专业教育，促进德技并修，助力精彩人生。

3. 交互性：从融入融通，实现学生与教师、专业与企业共成长

校企协同不仅仅是校企双方共享资源，主体之间不只是单向输出或输入，更需要校企资源不同主体之间的交流互动，尤其是新业态新手段层出不穷的电子商务领域。通过建立教师"五个一"、兼职教师管理、企业遴选与评价、学生"双身份"考核等一系列制度，企业导师与教师之间、企业导师与学生之间、企业导师之间、教师之间、学生之间的交互常态化，创新思维的相互启发推动多方共赢，形成交互型校企合作共同体，合作企业不断扩大裂变，合作园区由小变大，实现了学生与教师、专业与企业共同成长。

（三）成果的推广应用效果

1. 学生职业成长广师求益，就业竞争力显著提升

学生通过参加"双11"服务，跟着学长进基地或选择1家企业跟岗实习，对专业和就业岗位的认知由2009年的76%提高到2020年的92%；先后获得省级及以上电商类专业技能大赛奖项39项（一等奖16项），电商专业近三届学生创业率近20%（如表3-1所示），毕业时年销售额超100万的创新创业明星35位，月薪超1万的金牌学生达20%，毕业生就业市场竞争力明显增强。

表3-1 电商专业近三届学生创业率情况

年份	创业率	全省平均创业率	备注
2013届	11.63%	4.62%	毕业一年后
2013届	19.18%	2.32%	毕业三年后
2015届	20.93%	7.44%	毕业一年后
2015届	24%	5.26%	毕业三年后
2016届	22.50%	4.49%	毕业一年后
2016届	16.22%	7.46%	毕业三年后
2017届	15.64%	4.39%	毕业一年后
2017届	32.84%	7%	毕业三年后
2018届	5.60%	3.05%	毕业一年后
2019届	23%	4.77%	毕业一年后

（数据来源：浙江省教育评估院）

2. 教师教学改革广获好评，专业竞争力不断提高

校企合作出版国家规划教材10部，承担省部级课题17项（省级教改课题8项），国家共享、示范课程2门，全国教学团队1个，全国教师教学能力比赛一等奖1项、省级6项，被全国外经贸行指委授予"首批全国跨境电子商务专业人才培养示范校"，成功申报浙江省跨境电商创业导师培训基地，专业由宁波市特色专业逐渐成为省特色优势专业和省高水平建设学校 A 类建设专业群。

3. 校企合作广为人知,专业服务力不断增强

围绕校企协同育人的创新实践先后荣获宁波市教学成果一二三等奖,牵头成立的宁波电商行指委、宁波电商学院、全国跨境电商联盟三大平台吸引了全国 100 多所同类院校、200 多家企业、8 个电商产业园的踊跃参与,吸引地方和企业投入超过 1000 万元,慈溪电商园区在师生努力下不断扩区,"慈溪经验"复制助推了宁波创新经济园区的筹建和壮大;同时,完成全国同类院校师资培训 416 人次,社会人员专业培训 2000 余人次;承接电子商务代运营项目 505 个、咨询项目 150 多个、政府委托课题 11 项,横向课题到款额突破 400 万。

4. 校企协同育人模式广受推崇,社会影响力不断扩大

"三真三入"校企协同育人模式成为专业产教融合典范,正如全国外经贸行指委常务副主任王乃彦所说的是"宁波样板"。项目组负责人在全国性会议进行交流经验 20 余次,成果被国内 21 所职业院校推广和应用。吸引南京工业职业技术学院、丽水学院等 100 多家兄弟院校前来学习和交流,中国青年报、浙江教育报、中青在线、凤凰网等媒体对我校"三真三入"校企协同育人模式给予了充分肯定,相关报道达 50 余篇。

第四章
现代职业教育产教融合人才培养

随着我国经济不断发展,创新驱动发展战略不断实施,人才供需关系发生了显著的改变。在不断变化中,针对职业院校存在的专业动力不足、教学科研"两张皮"、产教融合不够深入等一系列问题,职业院校要不断深化对转型的认知,实现综合改革,加强与企业的合作,实现共赢。在我国,产教融合这一模式兴起比较晚,不管是在理论上还是实践上,往往是在借鉴他国经验的基础上建立起来的。因此,如何通过产教融合为社会培养应用型人才,已经成为当前职业院校发展的一个重要问题。本章就重点分析现代职业教育产教融合人才培养问题。

第一节　现代职业教育产教融合人才培养的问题

近些年,我国职业院校产教融合的规模不断扩大,体系建设也不断推进,这为应用型人才素质的提升做出了重要贡献。但是,我们也应该看到一点,当前的产教融合模式还存在一些不足。本节就对这些问题展开分析。

一、产教融合理念得到深化

在我国,产教融合虽然产生于 20 世纪 90 年代,但是这一时段我们并没有自身的产教融合理论、制度,只是在一些个别院校开展了校企合作的模式。近些年,随着产教融合的发展和深化,我国各大职业院校逐渐形成了产教融合培养应用型人才的模式。同时,一些院校为了更好地体现产教融合培养应用型人才的目的,在探索产教融合的过程中还创造出很多变式,这使得产教融合模式在各个职业院校不断深化。

二、职业院校的发展渠道拓宽

目前,职业院校发展需要以市场需求作为导向,以产教融合发展作为主线,这样才能培养出更多的毕业生。产教融合培养的途径是职业院校不断发展的必由之路,其在不断的发展中逐渐适应职业院校多样化的需求。这是因为区域和产业总是会存在某些差异性,这些差异性恰好为职业院校的同质化发展提供可能。职业院校完全可以依托产教融合模式,对接企业与产业,体现出职业院校的自身发展特色。

三、人才培养定位与市场需求逐步接轨

如果固定资产等因素会对企业发展空间的下限起着决定作用,员工素质等因素则会对企业发展空间的上限起着决定作用,因此培养出高质量的人才显得非常重要。在办学定位上,职业院校不仅要受到老牌综合性职业院校办学思想的影响,在办学上出现"贪大求全"的情况;另外,又没有办法在学校自身的教学模式上探求创新的地方,没有办法从自身优势出发展开恰当的产教融合。

虽然职业院校办学时间比较短,本身具备的经验也不足,但是近些年职业院校在人才培养上逐渐与社会需求相适应,不断培养高质量的职业人才,以适应社会的需要。

四、人才培养模式陈旧,人才培养路径单一

当前,我国职业院校习惯按照不同的专业、学科等来展开教学,这种模式显然是比较陈旧的,在课程设置上明显与社会需求、人才培养目标不对称。当前的职业院校中,教师的实践能力本身不足,使得职业院校在人才培养路径上存在明显的单一性,在上课时,教师们也使用传统的理念教学,这种理念下培养出来的学生也习惯了重视理论,忽视实践,因而很难满足岗位的需求。

五、社会优质资源不能充分利用与共享

职业院校大多在政府重视程度、社会关注程度上比较低。因此,很多职业院校对产教融合的教学途径缺乏主动性,长期关门办学,未能将学校发展与服务地方经济相结合,不能将政府、社会的资源充分利用起来,不能享受企业现有的工艺和设备。

在办学中,一些职业院校存在经费不足、师资缺乏、设备落后等情况,这就严重阻碍了职业院校应用型人才培养质量的提升。

第二节　现代职业教育产教融合人才培养模式的构建

一、树立需求导向的教学理念

以需求为导向的教学理念对于职业院校产教融合培养应用型人才能够起到助推的作用,要科学定位人才培养目标,牢固树立产教融合人才培养理念,转变教师育人观念和教学观念。

(一)牢固树立产教融合人才培养理念

当前,很多职业院校对于产教融合理念的认知并不充分,他们即便响应了国家的号召,实施产教融合,但是在教学方式上过于依赖教师,并未认识到产教融合的教学要求是要将传统的教学要求上升到与技术能力发展平等的地位。这就严重影响了职业院校产教融合的推进。

职业院校在开展产教融合的过程中,应该不断提升自身对产教融合的认知,实施开放式的办学模式,将产教融合逐渐上升到职业院校的办学特色中,让学校的管理能够与企业发展趋势相符合,开拓出更多的实训基地,让学生即便没有走出职业院校,也能够参与到职业技能训练中,这样他们才能真正地走向社会。

(二)科学定位人才培养目标

当前,职业院校应该考虑当地的经济发展情况,对学生进行合理的培养。如今就业形势非常严峻,职业院校只有从地方经济发展的需求出发来培养人才,才能让学生走出学校之后顺利找到工作。总之,职业院校应该努力培养应用型人才,培养当地需要的人才,这样的人才才不会被社会淘汰。

(三)转变教师育人观念与教学观念

转变教师的育人观念和教学观念就是为职业院校的产教融合教育

模式创造出一条高效、科学的途径,这是因为产教融合培养的选择、更新以及传递等工作都需要教师来完成。职业院校的教师们应该从以下两方面开展培养学生的工作。

第一,职业院校的教师应该积极投入企业之中,研究企业的就业特点与需求,然后从这些特点与需求出发,转换成知识传授给学生,这样培养出的学生更具有应用能力与操作能力。

第二,职业院校的教师在理论教学的过程中,还需要对教学内容进行有效整合。虽然国家强调职业院校的理论知识应该是"必用"与"够用"就好,但这并不是要求教师对知识进行压缩。教师应该从企业岗位就业需求出发,转变自身的教学理念,将知识进行整合,从而让学生在就业中也能够彰显自身充足的理论知识与素质能力。

二、加强师资队伍建设

在产教融合应用型人才的培养过程中,教师不仅需要具备扎实的理论知识,还需要具备较高的实践能力。也就是说,学校应该从产教融合的发展动向着眼,对双师型队伍进行强化建设,打造充满活力的教师队伍。

(一)强化双师型教师队伍建设

职业院校的教育属性决定了师资队伍能力建设上的特殊性。在职业院校中,教师除了要具备教学技能外,还需要具备生产实践能力,这对于教师建立产教融合模式是非常有利的。因此,职业院校应该从师资队伍建设入手,强化双师队伍的建设。

(二)建立充满活力的教师队伍管理体制

当前,我国一些职业院校大规模应用产教融合人才培养模式,职业院校应该努力加强师资队伍建设,从而不断提升师资队伍的质量。在加强教师队伍上,职业院校应该不断采用一些激励机制以及制约手段。在激励机制上,职业院校可以采用物质激励方法与精神激励方法,对教师队伍的教学技能等展开考核，保证教师队伍能够有积极的心态参与到产教融合中。在制约上，职业院校可以进行职称评定，因为在评定过程中，可以将教师的产教融合实践、教学质量等作为标准，而对于实践应用能力也应该进行评定。

同时，职业院校应该加强师资队伍建设，完善考核手段与方式，鼓励教师将教学能力与教学实践活动结合起来，这样才能不断提升职业院校的产教融合能力。

三、完善与改进教学模式

对于应用型人才培养，在教学模式方面要打破以教师讲授为主的"填鸭式"教学模式，要以学生为中心、能力为本位，采用突出实践性的教学模式，并在专业布局上以市场需求为导向、课程体系上以就业为导向。

（一）以市场需求为导向的专业布局

在规划专业时，职业院校应该从学校自身的发展与就业需求出发，并考虑企业的人才需求，合理对专业进行布局、对课程进行布置。

第一，专业的布局要考虑地方经济产业结构。职业院校的人才培养目标要求其在人才培养上，应该考虑专业配置是否符合企业的岗位需求。因此，在专业设置上，可以先进行市场需求调研，从需求出发，对专业进行设置，让职业院校的专业布局与企业结构进行对接，避免出现不协调、不均衡的情况。

第二，专业的布局应该从当地市场出发，并将本校的专业特色挖掘出来，为学生设置特色专业，这样才能培养出特色人才。

（二）突出实践性的教学模式

职业院校还需要对教学模式进行改进，探索出与产教融合人才培养相匹配的模式。这一教学模式应该与企业需求相适应，这样才能保证其生命力更旺盛。

第一,实践是产教融合实施的有效途径,体现在教学模式上就是要提升实践课的比重,争取能够学练结合。当然,教学模式的完善也离不开保障机制,这主要体现在教师授课中、课后训练、企业实践等层面。

第二,建构专业的指导组织机构,其主要任务在于对学校的教学模式加以完善,然后针对企业对于人才的要求,对职业院校的教学大纲、培养目标等进行调整。

第三节 现代职业教育产教融合人才培养模式的创新

一、现代学徒制人才培养

(一)现代学徒制的内涵

现代学徒制重点体现在"现代",是相对于"传统"提出的。随着工业化大生产的到来,生产方式发生了根本的转变,企业的规模化生产取代了传统的手工业作坊,传统的学徒制在促进人的全面发展、教育培训效率以及教育的规范性上受到挑战。因此,学校职业教育模式开始占主导地位,但也存在着理论与实践脱节的弊端。为解决这一问题,现代化的工厂中便产生了"现代学徒制"。它是一种在实际生产过程中以言传身教为主要形式的技能传授方式。从本质上讲,现代学徒制和传统学徒制是一致的,即都有师傅对徒弟的教育和指导,都强调"在做中学,在学中做",但其形成的基础以及意义和价值与传统的学徒制有很大的不同,学徒制的主体、形式以及师徒关系均发生了变化。

从现代学徒制与传统学徒制的区别来看,二者在学徒身份、培养目标、学习地点、学习内容、学习方式、学习时间及考核方式等方面都有一定的区别。

一是学徒身份的转变。传统学徒制中学徒只有一种身份——学徒,而现代学徒制中学徒有两种身份——学徒和学生;传统学徒只跟随师傅学习,现代学徒跟随师傅和教师共同学习。

二是培养目标的转变。现代学徒制的培养目标在传统学徒制的基础上有了进一步的发展,即以单纯培养熟练技术工人发展到培养理论联系实际的技术技能型人才。

三是学习地点的转变。现代学徒制的学生不仅在生产一线学习,还在学校学习。

四是学习内容的转变。现代学徒制的学生不仅有实践操作的学习,还有理论知识的学习,多种课程体系教学同时进行。

五是学习方式的转变。现代学徒制是工学交替,学生从单纯的经验学习或者理论学习到工学交替式学习,一部分时间在企业接受培训,另一部分时间在学校学习。

六是学习时间的转变。传统学徒制的学习时间根据各工种不同而有所区别,相对不固定,现代学徒制时间则是相对固定的。

七是考核方式的转变。传统学徒制主要由师傅对徒弟进行考核,现代学徒制由行业和教育部门对学生进行评价。

(二)现代学徒制人才培养措施

1. 结合本地区企业,成立校企合作理事会,明确职责,共同培育学生

(1)结合区域经济特点、专业特点,选择合适的模式。立足区域经济的特点,政企、行业组成职业教育集团。职教集团的职责:根据国家行业标准,制订本行业标准与课程体系,根据协议安排企业师傅带好学生,实施"工学结合";根据行业标准考核学生;安排教师到企业指导学习、实践。

(2)并不是所有的专业都适合开展现代学徒制,要重点选择具有区域产业优势、岗位实践特征鲜明、适合企业化环境培养、具有良好职业发展前景的专业,有文化、有规模、有技术、有市场、有感情、有层次的企业,招生即招工,学生在校报名后,即与企业签订学徒合同。学校也可在企业已招的工人中招生,由学校教授产教理论。

(3)要针对不同的行业、不同的产业情况,采取灵活多样的实现形式,发展混合制、股份制职教集团。例如,对于财会专业,学校可以出地

方、师资、技术作股份,在学校成立会计师事务所,会计行业出部分资金,与学校合作营业,成立股份制企业。再如,对于面点师专业,学校可以出地方、师资、技术作股份,可以在学校成立面包坊,与社会上营业的面包店合作,把面包制作坊搬到学校。为了传承传统的工艺、手艺,学校可以成立大师工作室,请大师到校教学。

(4)加强师傅的选拔培养和建立"双导师"激励机制。可通过国家职业技能鉴定与学校教育集团评价、学生评价相结合的方法,评价现代学徒制中的优秀带教师傅,在晋升高级工、技师或高级技师时作为考核条件之一,给予优先晋升职业技能等级的机会;安排教师到企业指导学生实践,也接受企业培训和实践,收集行业最新信息,更新教学内容,改进教学方法,教师的专业知识和指导专业实训能力得到丰富和提高,促使他们成长为双师型教师。教师晋升的考核内容,不再是以往闭门造车的方法,写一两篇论文就可以评职称,评到了高级就万事休,吃老本。作为职业教师,其职业生涯应是一个永远学习知识、技能的动态过程。

2. 普通教育与职业教育双轨制,构建现代职业教育体系

国内大学培养的大学生在社会看来是精英。大学生毕业后理论多,实践少,又不愿意进企业,个个想考公务员。当前,民营和中小企业招工难,特别是技术操作工,有的后继无人,技术断档,电焊工、数控机床操作工等一些关键技术岗位,尽管有的月工资近万元,但企业依然招不到需要的人。中国缺少的是技术人才,因此我们要加大对职业教育的扶持力度,构建现代职业教育体系。

(1)中高职衔接,普教与职教学分相通。职业教育发展到今天,逐步陷入了一个"瓶颈"——在传统意义的职业教育框架内,学生到了高职、专科这个层次就很难再往本科、硕士、博士等层次发展,因而被称为"断头教育"。中职生也应该有上升的渠道。中职和高职本属于同一类型教育中两个不同的层次,在专业理论知识及实践技能方面,高职学生均比中职学生高一层次。然而,由于高职人才培养方案的设计大多基于普通高中毕业生考虑,大多招高中生,这样高中生上高职往往缺乏实践经验。高职学校可以在初中毕业生中招中考分数达到普通高中的学生。

据调查，这些考取普通高中的学生，高考时大多数考取的是三本院校，不如就在中考时，选取五年连读高职。上完中职可以考高职院校，上完了专科高职课程可以考本科职院（技能占七成，理论占三成）。学分相通，也可以考研究型大学（理论占七成，技能占三成）。

（2）提高职教学生的社会地位，给本科层次的高职学生授"工士"学位，并给本科层次的高职生考公务员的机会，能文能武。职业院校的教师要从研究生层次的高职院校中招聘。

（3）搭建各种平台，让职业教育成为全民意识。政府可以在各种媒体上，宣传职业教育；各职业院校可以定期举办开放日，让中学生或社会各界人士参观，展示中职生作品；在普通中学开展职业素养教育，培养中学生的职业意识。

综上所述，现代学徒制是解决职业院校长期缺少实训场所、师傅，课程设置脱离产业，学生只能在校学习完理论后才能顶岗实习等问题的一种新的工学交替的人才培养模式。我们要学习国外现代学徒制的先进理念，更要结合我国政治经济发展、产业升级的大环境，只有这样职业技能教育才能挑起培养经济转型所需要的大批高技能人才的重担。

（三）学徒制人才培养案例：以思政教育为先导，构建"四全四融"中国特色现代学徒制改革模式

1. 实施背景

（1）职教现代学徒制实施背景。为深入贯彻全国教育大会精神，落实《国家职业教育改革实施方案》，按照《教育部办公厅关于全面推进现代学徒制工作的通知》（教职成厅函〔2019〕12号）精神，以习近平新时代中国特色社会主义思想为指导，全面贯彻党的教育方针，落实立德树人根本任务，深化产教融合、校企合作，健全德技并修、工学结合的育人机制和多方参与的质量评价机制，深入推进三教改革，总结浙江工商职业技术学院（以下简称"该校"）高水平专业群（数字商务专业群）现代学徒制试点成功经验和典型案例，对接国家数字经济战略和区域家电、服装等支柱产业，全面推广政府引导、行业参与、社会支持、企业和职业

院校双主体育人的中国特色现代学徒制。

（2）该校现代学徒制实施优势。该校是浙江省现代学徒制试点单位,数字商务专业群拥有省"十三五"实训基地1个,教育部教学改革试点专业1个,省级特色专业1个,省级示范专业1个,具有长期稳定合作关系的全国500强企业6个,区域百强企业20余个。这为数字商务专业群推行现代学徒制提供了条件,尤其是在市场营销、电子商务、跨境电商、报关货运、国际贸易等专业拥有行业技能水平高、吸纳员工多、管理水平高的优质企业,具备学徒制培养的优势。我校荣获第一批省级课程思政示范校,数字商务专业群荣获教育部课程思政示范课程、教学名师和团队,第一批省级课程思政示范基层教学组织,这为数字商务专业群现代学徒制与课程思政的融合,为"立德树人"指明了方向。基于此,通过对现代学徒制中课程思政教学的融入,贯通理论知识、专业技能同思想政治素质、专业职业素质的关系,打造现代学徒制中课程思政教学改革的示范案例。

（3）现代学徒制破解的问题。其一,有效解决现代学徒制教学中重"技能"轻"德育"的问题,强化政治方向引导,从理念上把"立德树人"放在现代学徒制教学的统领地位。

其二,有效解决现代学徒制教学中重"数量"轻"质量"的问题,侧重高素质高技能,有效规避"廉价劳动力使用"现象。

其三,有效解决现代学徒制教学中重"实习"轻"教学"的问题,通过专业与产业的对接、课程与岗位的对接、教师与师傅的对接、学生与员工的对接彻底改变"放羊式实习"。

其四,有效解决现代学徒制教学中重"就业"轻"创业"的问题,建立阶梯型的数字商务人才培养模型,通过构建系统性、科学性的创业创新课程体系,实现创业创新与专业教育相融合。

（4）现代学徒制实施的目标。其一,思政引领,打造中国特色现代学徒制"红色"样板。将现代学徒制课程与思政课程同向同行,所有课程通力协作形成思政合力,努力实现立德树人。课程思政要贯穿现代学徒制人才培养的整个过程,针对现代学徒制因授课主体、教学对象、育人环境等变化,要求校内教师、企业教师、指导师傅"三主体"深入挖掘课程中的思想政治教育元素,把"价值引领"融入每门课程的教学细节,全面渗透到教育教学的全过程,要在落小、落细、落实上下功夫,努力做到"德技共育",实现职业技能和德育培养高度融合。

其二,技术创新,提升数字商务现代学徒制"工匠"标准。健全现代学徒制制度体系,包括建立校企联合招生、联合培养、工学一体化育人的长效机制;健全工作本位的人才培养方案、课程标准、岗位标准及学习评价标准;开发建设校企有效衔接的专业课程体系和学习体系,创新考核评价方式,培养适应数字经济需求的高素质技术技能人才和未来工匠。

其三,双元制育人,共建现代学徒制"四全四融"体系。通过现代学徒制的实践,形成政府、学校、企业、产业园"四位一体管理机制",构建起课程模块化、内容项目化、项目岗位化、资源信息化的"四化课程体系",实施认岗实践、跟岗实训、顶岗实习的"三段育人过程",构建课程考试对接绩效考核、学历证书对接职业资格证书的"双元制对接评价机制",实现学生→学徒→员工→创业者"四种身份转换"。

其四,五位一体,培育现代学徒制"双创"基因。构建基于现代学徒制的创新创业教育模式体系,建立统一的学徒制管理体制和评价体系,将创新创业人才培养目标融入学生实习实训的每个环节中,成立"创业政策扶持、创业资金保险、创业技能培训、校企合伙人制度、创业园区场地"的"五位一体"创新创业教育环境。

2. 主要做法

(1)德技共育,实现课程思政融合。学校与宁波国际电商产业园、苏宁易购、博洋集团等企业共建党支部交流学习中心,建立了3个德育实践教学基地,充分利用校企两种德育资源,积极开展实践教学和职业体验,有力促进了学生职业道德和职业素质的提升。依托校企双方资源,组织并带领学生到敬老院、社区、贫困山区、新农村等地进行实践活动。这对加强和改进现代学徒制学生思想政治教育也起到了积极作用。

(2)精选企业,实现招生招工一体化。通过考察确定宁波华商集团市场营销专业现代学徒制试点企业,先后成立"华强班"和"华梦班",

大一新生自然班与企业班融合,实现招生招工同步,校企共同制订和实施招生招工方案,规范招生录取和企业用工程序,明确学徒的企业员工和职业院校学生双重身份,保障学徒的合法权益。

(3)对接龙头企业,建设职业标准体系。学校与宁波广电集团、宁波(前洋)直播中心三方共建宁波直播产业学院,与宁波亮剑互娱共建宁波抖音直播基地,组建宁波电商直播现代学徒制班,按照数字商务专业群设置与产业集群需求对接、新媒体类课程内容与电商直播职业标准对接、教学过程与岗位流程对接的要求,校企共同研制高水平的电商直播教学标准、课程标准、实训条件建设标准等相关标准。在开展现代学徒制的专业率先实施"学历证书+若干职业技能等级证书"制度试点,与广电集团、市人社局共同制定"网络营销师"职业资格证书标准。

(4)校企互聘,建设双导师团队。实习企业选派技术人员作为师傅,负责实习生岗位技能传授。企业建立带班师傅绩效考核制度,将学徒业绩与师傅工资奖金捆绑在一起考核。同时,学校鼓励企业选派有实践经验的行业、企业专家,高技能人才和能工巧匠等担任学校的兼职教师。学校在浙江综讯(天猫打印机类目销售第一)、宁波小吉(宁波单项制造冠军)、宁波德讯(中国货运龙头企业)、宁波豪雅集团(宁波百强)、宁波方太集团(中国500强民营企业)等代表性企业设立专业群双师实践基地和教师流动工作站,选派优秀专业教师作导师,下实习企业指导学生理论学习,同时自身挂职锻炼,提高专业教师的实践能力和教学水平,推动专业教师深入理解专业岗位需求,及时完善和更新相关理论知识。我校长期规划教师队伍培养目标,不仅要培养一批具有双师能力的教学能手、技术骨干,更要推动教师向着企业服务型、行业专家型方向发展。

(5)共建共享,建设产教融合教学资源平台。学校先后与苏宁易购(世界500强企业)共建"家电数字营销平台"、与宁波奥克斯集团(中国500强企业)共建"数字客户服务平台"、与亮剑互娱(短视频平台优质服务商)共建"TikTok海外直播实践基地"等5个现代学徒制实习实训平台。

(6)"四全四融",助力培养模式改革。坚持德技并修、工学结合、知行合一，着力培养学生的专业精神、职业精神和工匠精神，提升学生的职业道德、职业技能和就业创业能力。全过程融贯：校企一体化育人的体系设计，围绕学生培养全过程递进设计校企一体化育人体系，形成基于工作过程导向的课程体系和基于职业素养导向的育人体系，助力学生实现从入门、入行到入道的职业生涯提炼；全场景融合：校企一体化育人的模式探索，以企业电子商务项目运营过程为载体开展实践教学，深化开发双元制课堂，校企双方共同开发课程、共同实施教学、共同指导竞赛、共同编写教材、共同建设实训基地等，形成一个以企业项目为核心的双元制课堂组织体系；全维度融汇：校企一体化育人的评价改革，形成以"学校标准"和"企业标准"相融合的校企一体化育人的评价机制，企业根据经济标准，结合项目运行效果和工作过程考核学生的职业能力，教师根据教学标准，结合学生实践表现和项目成果考核学生的实践能力，学生从自身素质提升程度考核发展能力；全方位融通：校企一体化育人的机制保障，出台合作企业的遴选和淘汰机制，实施双身份教师的激励机制，深化"五个一"教师实践能力培养制度和学生企业化管理制度，同时形成点对面的合作机制。

（7）机制创新，培育双创人才成长土壤。在现代学徒制培养过程中，注重双创教育培养，主要有以下几种创业模式："合伙人"，企业与优秀学员签订合伙人协议，以股份制形式成立独立子公司；"合作伙伴"，企业共享供应链资源，学员独立成立公司；"自由创业者"，学员以自由创业者形式从事新媒体行业；"校友团"，学长带学弟学妹组团成立公司。学校提供政策扶持、场地免租，企业提供资金扶持、技术支持、货源共享，数字商务专业群整体创业率位于全省领先地位。

（8）制度保障，规范人才培养全过程。为保障现代学徒制的顺利实施，我们在实践中不断完善协议类、制度类、职责类、考核类、方案类5类文件确保工作有序有效。比如，学校与企业协议，学校、企业、家长三方协议，师傅与学徒协议等。再如，《浙江工商职业技术学院创新创业教育改革实施方案》《浙江工商职业技术学院全面推进现代学徒制实施方案》《浙江工商职业技术学院关于成立现代学徒制工作协调小组的通知》《电子商务学院校内生产性实训基地管理办法（试行稿）》等。校企共完善教学运行与质量监控体系,规范人才培养全过程。

（9）共享共赢,共建校企利益共同体。我校学徒制合作企业分担了部分人才培养成本,学徒还可以获得相应的经济报酬,从而降低了学校直接教育成本,提高了学校人才培养的质量；企业在不损害学生利益、符合国家法律法规前提下,减少了劳务成本,或是增加了企业受益,与直接招聘熟练工人相比,学徒制能给企业带来更多经济回报,提高了企业参与职业教育的积极性。总之,在企业追求经济效益和学校追求教育效益之间的矛盾上,实现了质量、成本与收益的平衡,从而达到共享共赢,共建校企利益共同体。

3. 成果与成效

（1）学生竞争力显著提升。其一,学生技能竞赛能力突出。先后获得全国跨境电商相关技能大赛一等奖6项,省级跨境电商相关技能大赛团体一等奖3项,浙江省"新道杯"第六届大学生企业经营沙盘模拟竞赛一等奖,浙江省第十六届大学生电子商务竞赛一等奖,整体水平在全省处于同类专业前列。

其二,就业岗位薪酬高、层次高、技术高。大部分学生实习阶段就可以拿到月薪4000元以上,一些优秀的学徒月薪可以达到6000元,很快就成为技术骨干,甚至业务主管,他们的工资达到了8000元以上。从基础销售型岗位快速孵化为技术性营销岗位和团队管理型岗位,电商2017级赵聪艳同学在现代学徒制企业宁波小吉科技从事电商主播岗位,月薪2万,双十一单场直播销售突破100万；电商2012级岑凯同学在现代学徒制企业浙江综讯担任高级主管,管理30多人团队,年销售额超过一个亿。

其三,学生创业质量高。电商专业近三届学生创业率高达近20%,诞生了诸如沈兴秋、王磊等宁波市大学生创新创业明星,2015级英语系杨曦同学毕业半年即创造近百万美金销售额；2014级国际商务与贸易茅天翔同学毕业半年月薪即达万元,个人操作店铺年销售规模达80余万美金；2015级英语系孙怀坤毕业半年即升任为电商运营主管,月薪万元；2016级报关与国际货运沈燕婷同学毕业一年已为相关代运营企业累计销售近千万元。

表4-1 电商专业近三届学生创业率情况

年份	创业率	全省平均创业率	备注
2013届	11.63%	4.62%	毕业一年后
2013届	19.18%	2.32%	毕业三年后
2015届	20.93%	7.44%	毕业一年后
2015届	24%	5.26%	毕业三年后
2016届	22.50%	4.49%	毕业一年后
2016届	16.22%	7.46%	毕业三年后
2017届	15.64%	4.39%	毕业一年后
2017届	32.84%	7%	毕业三年后
2018届	5.60%	3.05%	毕业一年后
2019届	23%	4.77%	毕业一年后

（数据来源：浙江省教育评估院）

（2）教学科研成果显著。其一，教学成果丰硕。基于现代学徒制教学改革研究，我校荣获《三维联动：现代商务人才软技能培养的探索与实践》国家教学成果二等奖；《三维联动：现代商务人才软技能培养的探索与实践》省教学成果一等奖，《供给引导型现代学徒制的校本实践》省教学成果一等奖；《基于生产性实训的电子商务实践教学模式的实践与研究》全国电商教指委二等奖；《基于生产性实训的电子商务专业实践教学改革与研究》市教学成果一等奖；《传承与创新并举，态度与能力并重，构建现代商务人才培养体系》市教学成果一等奖。

其二，校企共建产学研资源。开发跨境电商6个平台实操课程讲义，出版教材12部，其中国家"十二五"规划教材5部、商务部"十三五"规划教材2部，国家"十三五"规划教材3部；承担省部级及以上科研和教改课题17项，在团队建设、课程建设、教学能力大赛和社会服务中取得了丰硕成果。

表 4-2　现代学徒各类教学改革成果

序号	姓名	课题名称	授予部门	获批文号
1	徐盈群	省新世纪高等教育教学改革项目：以就业为导向的高职商贸类专业实践教学改革和管理的研究与实践	浙江省教育厅	浙教计〔2006〕24号
2	陈明	省新世纪高等教育教学改革项目：基于服务外包发展环境下的校内生产性实训基地运行模式的探索与研究	浙江省教育厅	浙教高教〔2009〕6号
3	楼晓东	省新世纪高等教育教学改革项目：基于校企专业服务托管的高职商务类专业一站式实践教学运作模式的研究与实践	浙江省教育厅	浙教高教〔2010〕146号
4	楼晓东	基于行业协会平台的专业服务模式研究	浙江省教育科学规划办	SCG371
5	楼晓东	依托行业协会构建专业服务平台的实践研究	宁波市教育局	2009CB19
6	张启富	教育部人文社科基金：我国高职教育推行现代学徒制的理论与实践研究	教育部	13YJC880109
7	史勤波	浙江省高职高专院校专业带头人专业领军项目：高职电商专业工学一体化人才培养模式实践研究	浙江省教育厅	浙教办高科〔2013〕81号
8	周井娟	融通与对接：高职商贸类创业教育与专业教育整合研究	浙江省教育厅	浙教办高科〔2013〕81号
9	刘永军	浙江省教育厅教学改革项目：基于"项目外包"的电子商务专业学生实践能力培养模式研究	浙江省教育厅	jg2013295
10	楼晓东	我国高职教育推行现代学徒制的理论与实践研究：以首席工人、技术能手带徒为个案	教育部社科司	13YJC880109

续表

序号	姓名	课题名称	授予部门	获批文号
11	楼晓东	高端技能型专门人才培养的"学校——行业组织"合作模式研究	宁波市哲学社会科学发展规划办	JD12SC06
12	杨银辉	省教育厅高等教育课堂教学改革项目：基于"项目实战+创业竞赛"的《网络创业》课内外一体化课堂教学改革探索与实践	浙江省教育厅	浙教办函〔2016〕83号
13	陈聂	"一带一路"背景下浙江跨境电商信息管理单一窗口模型研究	浙江省教育厅	Y20173864
14	徐盈群	浙江省教育科学规划课题：基于生态学视角的跨境电子商务实战型人才培养研究	省教育科学规划领导小组办公室	浙教科协办〔2018〕3号
15	张启富	省哲学社科规划课题：高职现代学徒制沉没成本问题研究	浙江省哲社规划办	20NDJC339YBM
16	王红军	浙江省教育科学规划课题："三螺旋"创新驱动下的创业教育共同体建设研究：以创业型跨境电子商务人才培养为例	省教育科学规划领导小组办公室	浙教科协办〔2019〕2号
17	陈明	浙江省省"十三五"省级产学合作协同育人项目：校企一体化跨境电子商务人才培养模式创新与实践	浙江省教育厅	浙教办函〔2019〕365号
18	蒋轶阳	宁波市职业教育"一带一路"专项课题："一带一路"下跨境电商留学生人才培养标准构建与研究	市教育科学规划领导小组办公室	甬教科规办〔2019〕10号
19	许辉	浙江省省高等教育"十三五"人才培养项目："互联网+"教育生态下三教改革创新与实践研究——以《跨境电商实务》课程为例	浙江省教育厅	浙教办函〔2019〕365号

续表

序号	姓名	课题名称	授予部门	获批文号
20	柴美娟	浙江省省高等教育"十三五"人才培养项目：产教融合背景下互联网＋工作室制人才培养模式创新与实践研究	浙江省教育厅	浙教办函〔2019〕365号
21	章翰	浙江省省教育科学规划课题：开放式创新视角下面向"一带一路"国家跨境电商职业教育输出研究	省教育科学规划领导小组办公室	浙教科规办〔2020〕2号

（3）推广应用示范性高。其一，校内推广。近年来，基于现代学徒制共建校内外生产性实训基地累计承接电子商务代运营项目超过500多个，成功孵化电子商务项目200余家，完成150多个中小企业电子商务咨询项目，为企业输送了2000多名高技能电商人才，其中创业学生有200多名。

其二，省内外推广。目前电商类专业校企一体化育人改革经验受到了同行院校的充分肯定，先后有宁波工程学院、南京工业职业技术学院等100多家兄弟院校前来参观学习和交流借鉴。2016年由宁波市教育局和宁波市商务局授权专业群牵头组建宁波市电子商务学院，争取政府多元投入资金820万元，同时学校于2017年牵头成立全国跨境电商产教联盟，目前成立了江苏分联盟、川渝分联盟、江西分联盟和东北分联盟等四个区域分联盟，影响力已遍布全国南北东西。

（4）社会影响及推广价值。目前我校现代学徒制模式已向社会推广，发挥了示范和辐射作用，先后在中国青年报、浙江教育报、浙江工人日报、宁波晚报、宁波金报、中青在线、凤凰网等媒体报道达50多次，对校企一体化育人给予了充分肯定。

表 4-3　现代学徒制相关媒体报道

序号	报道标题	媒体
1	直播人才如何培养？宁波这所高职办个校园直播大赛来试水	浙江新闻
2	宁波这所高校携手产业园区共育新型电商人才 助力数字经济升级	人民日报
3	引入新媒体营销理念 开设现场直播间——浙江工商职院这个办了19年的校园商品展销会又出新招	浙江工人日报
4	"双十一"别人都在买买买 这些大学生却在鏖战中积累经验值	现代金报
5	宁波这所高校电商专业真牛！7支团队参加全国创新创业能力大赛全部获奖	浙江工人日报
6	保障市民"菜篮子"促进行业持续发展 浙江工商职院校企合作来助力	凤凰网
7	京沪品牌升级研究中心落户浙江	浙江新闻
8	浙江工商职业技术学院开启产教融合新征程	浙江日报
9	全国跨境电子商务产教联盟川渝分联盟成立 集聚两地资源培养跨境电商人才	人民网
10	宁波为留学生培训跨境电商技能	浙江教育报
11	宁波这所大学开设的跨境电子商务技能培训班迎来清一色洋面孔	中青在线
12	"双11"背后的"学生军团"招之能来 来之能战 战之能胜	浙江工人日报
13	天猫双11成交额125秒破100亿 宁波数千学生助阵甬企 在实战中提高专业技能	现代金报
14	大咖云集甬城,畅谈跨境电商人才之困	现代金报
15	毕业两年 他把销售额做到了过亿 90后跨境电商大咖炼成记	浙江工人日报
16	从单打独斗到拥有四十人的团队,他到底经历了什么？揭秘宁波一位90后大学生的创业之路	现代金报
17	浙江工商职业技术学院：跨境电商人才培养的探路者	浙江工人日报
18	宁波三所高校入选"全国跨境电商专业人才培养示范校"争做跨境电商人才培养的探路者	宁波晚报
19	浙江工商职业技术学院跨境电商人才培养成果多	中国网

续表

序号	报道标题	媒体
20	为"一带一路"建设培养人才 宁波电子商务学院捷报频传	浙江新闻
21	浙江工商职院念响"商"字诀 连办16年校园商品展销会 为学生搭建实践平台	浙江工人日报
22	跨境电商发展迅猛 九成企业缺人 人才培养模式仍在探索中	浙江工人日报
23	浙江工商职院电子商务学院：厉马秣兵，再战双十一	中国网
24	电商青年是这样"练"成的	中国网
25	浙江在线——创新创业 宁波一大学生开网店年销售额超百万	浙江在线
26	创新实战实训，宁波形成独特人才培养模式	宁波日报
27	跨境电商发展猛 人才输送"拖后腿"	宁波日报
28	浙江工商职院迎来"创客时代" 电商专业有四成学生创业	浙江工人日报
29	浙江工商职业技术学院电商"创客"沈兴秋——一样的电商，不一样的创客	浙江日报
30	宁波"政校园企"携手培养电商人才	人民网
31	宁波市电子商务学院正式成立	光明日报
32	城市经济打造高能级大平台	光明网
33	宁波电子商务人才培养讲究"私人定制"	东南商报
34	浙江工商职院打造电商人才培养基地 为宁波生鲜等行业"造血"	浙江在线
35	浙江工商职业技术学院同e点电子商务园对接输送电子商务专业毕业生	宁波日报
36	慈溪一乡镇请大学生做涉外电子商务	宁波晚报
37	从外包服务到团队就业——记浙江工商职院中小企业电子商务外包服务基地	浙江教育报
38	不担心饭碗只关心饭碗含金量 电商专业"逆袭" 就业率100%	钱江晚报
39	宁波大学生电子商务团队协助童装企业创下1亿元年销售额	现代金报
40	在真实项目中拔节成长——浙江工商职业技术学院电商人才培养侧记	浙江教育报

4. 体会与思考

（1）存在的不足。其一，企业积极性不足。企业追求利益最大化，为学生提供更多的岗位轮训很不情愿，他们更愿意学生在某一个岗位长期训练，成为熟练工人，尽快产生经济价值。但这不利于学生技能全面发展。

其二，共同开发课程的能力不足。学校教师的理论能力和企业师傅的实践能力很难在一起协调。比如，开放校本教材，企业师傅能做不会写，学校教师会写不会做，而成功开发一本教材需要编写者具备双重素养。

其三，企业对于思政课程建设缺乏基础，基于工作岗位的现代学徒制思政课程设计需要较长的建设周期。

（2）改进的方向。其一，继续拓展现代学徒制思政课程建设。推荐优秀思政课程教师下企业，建立校企共建思政教学组织和教学资源库。

其二，继续拓展合作模式。探索三年贯通式招工招生一体化模式，修正完善现有"2+1""8+8""短学期真题真做"等模式。

其三，继续拓展现代学徒制中高职衔接教育。以现代学徒制为纽带，探索中高职一体化教育方向。

二、创新创业人才培养

（一）创新型人才培养

在知识经济时代，大学从社会的"边缘地带"成为"社会的轴心机构"，知识的创新决定了人才的竞争是国家之间竞争的主要要素。人才作为知识经济的发动机，是科教兴国的主力军，而高等教育最直接地为经济发展提供人才。美国加州大学卡斯特斯教授曾经说过，知识信息是信息经济中的电流，大学是产生这种电流的发电机。因此，在高等教育改革中，如何使大学培养出更多具有国际竞争力的创新人才已经成为世界各国大学教育的主要培养目标。其中，大学的科研创新能力正体现了社会进步对人才培养目标的要求。高等教育创新型人才培养的任务主要包括以下几个方面：

1. 发挥科研优势，促进创新型人才培养

在科学技术日新月异的今天，国际上大国之间的竞争主要体现在高端人才的竞争，新时代吹响了召唤高科技人才的集结号，各发达国家在发展经济的过程中人才缺口越来越大，人才成为稀缺资源，成为各国争夺热门资源。而教师是人才培养的最重要因素，教师的自身素质和知识水平直接影响人才培养的质量和数量。从当前现状我们不难看出，目前我国大学在推广导师制方面还有待加强。教师只有首先提高自身素质、增强知识储备，不断提高教育、教学及实验水平，才能通过言传身教来教育学生，培养人才。教师应该始终保持创新的意识与热情，积极参加科研，通过科学研究对某些问题有所发现、有所创新之后，把新的研究成果注入教学活动，把新的测试技术和先进的实验方法引入教学实验中，把新的科研技术和成果灌输给学生。从学生的角度来说，科学研究往往是开创性、探索性的，侧重于知识的探索与发现。而大学的创新人才在科学素质、科研意识、科研能力的培养上是有严格要求的，所以通过参与科学研究可以促使学生创新与科研素质和能力的形成。

2. 以人为本、以生为先

经过考证，中国古代最早提出"以人为本"应该是春秋时期齐国名相管仲。据西汉刘向编辑的《管子》"霸言"篇记载，管仲对齐桓公说："夫霸王之所始也，以人为本。本理则国固，本乱则国危。"而在中国历史上，"以人为本"最有名的则是刘备。当年曹操攻打荆州的时候，襄阳地区有很多的人跟着刘备逃跑，大概难民有十几万，辎重有数千辆，日行十几里，走得非常慢。曹操派出轻骑，日行一两百里，在后面疯狂追赶。眼看曹军就要追上，手下很多人都劝刘备丢弃百姓先行逃难。据陈寿的《三国志》记载，刘备当时说了这样一段话，"夫济大事者必以人为本，今人归吾，吾何忍弃去。"

教育应当如何贯彻落实"以人为本"科学发展观，周济做出了明确的答复："教育以育人为本，以学生为主体；办学以人才为本，以教师为主体。"

教育以育人为本，就是要全面贯彻党的教育方针，始终把培育人才作为学校的根本任务。具体地说，育人为本，必须坚持德育为先；育人为本，必须增进学生全面发展；育人为本，必须关注学生的心理健康和健全人格的形成。

总之，"以人为本"的教育管理理念是要达到"没有管理的管理"，以学生为主体，就是以学生发展为核心，重视学生的个性差异，充分尊敬、关怀、理解和信赖每一名学生，因材施教，增进学生平等、协调、自主发展，为学生终身发展奠基。以学生为主体，要引导学生参与学校管理；以学生为主体，要引导学生参与教学过程的各个环节；以学生为主体，要建立教育民主的思想，建立平等融洽的师生关系。

办学以人才为本，就是要把人才作为教育事业发展的第一资源，要全心全意地依靠教师办学。一方面要努力提高教师素质，提高师德程度；另一方面要不断深化改革，大力实行人才强校战略，建立一支高素质的人民教师队伍。

3. 健全学分制教学管理制度

在我国职业院校实行的学分制中，有各种不同的模式。例如，学年学分制、计划学分制、实绩学分制、复合型学分制、弹性学分制、整合学分制、全面加权学分制、绩点学分制以及学分相通制、学分互换制等。现在最多的模式是学年学分制和绩点学分制。

当前，有些职业院校提倡实行"完全学分制"，但"完全学分制"或"彻底学分制"被一些专家提出异议。理由是，学分制一百多年的发展变化是一个波浪式前进的历程，其内涵和形式一直处在调整与变化之中，不存在所谓的"完全学分制"和"彻底学分制"，学分制本身就是一个动态发展的过程，而不是一个一成不变的结果。

4. 拓宽大学社会服务功能

随着全球经济一体化进程和各国现代化建设步伐的加快及世界范围内兴起的新技术革命的挑战，21世纪人类面临的经济、军事、政治竞争更加激烈。在现代社会里,需要复合型的人才,需要有竞争意识的人才,大学生的价值观也发生了变化,他们的自我意识、竞争意识增强了,发展个性的欲望增强了。目前,各国已越来越深刻认识到,未来经济的竞争、综合国力的增强,需要大批有文化、有知识、高层次的创新人才,人才是推动经济发展的直接动力。于是,世界各国纷纷研究对策,人们把目光投向教育,把希望寄托在为未来直接输出所需人才的高等教育上。

面对激烈的世界竞争,我国高等教育能否适应"入世"后的新形势,担负起提高全民族整体素质和社会主义现代化建设所需大批人才的重任,已引起高等教育界的高度重视,积极探讨解决的办法,把我国高等教育与其他发达国家高等教育进行比较,力求找出适合我国高等教育发展的成功之路。为此,有必要把我国与高等教育比较发达的美国高等教育情况进行比较,总结各自的优缺点,找出两国在人才培养标准上存在的差异,以利于我国高等教育在保留原有的教育特色的基础上及时吸收借鉴美国在人才培养上的成功经验和先进做法,积极进行高等教育自上而下的、全方位的改革。改革的核心是如何培养全面发展的、具有创新精神和实践能力的高素质人才的问题。

当前,应优化知识结构,开设大量选修课,学生可以根据社会需要、就业需要、个人发展需要来选课,实行文、理渗透,构建自己的知识体系,组成最优化的知识结构。

(二)创新创业教育

1. 创新创业教育的提出

我国高等学校长期坚持素质教育,以提高大学生综合素质为根本宗旨,造就有理想、有道德、有文化、有纪律的全面发展的社会主义事业建设者和接班人。当前,我国市场经济的发展、经济结构与产业结构的调整,对人力资源结构提出了新的要求,对高等学校素质教育提出了新的课题。

自20世纪80年代起,我国高等学校开始实施创新教育,创业教育可以追溯到1998年清华大学举办的第一届创业计划大赛。2002年,教育部确定清华大学、中国人民大学、北京航空航天大学、黑龙江大学等9所高等学校作为创新创业教育试点院校,通过构建创新创业教育课程体系、搭建创新创业教育实践平台、建立创新创业教育保障机制、编写创新创业教育教材等,对创新创业教育进行了有益探索,积累了一定经验。同时,我国高等学校借鉴发达国家高等学校开展创业教育的经验,并对创业教育进行本土化研究,从而提出了创新创业教育是素质教育深化和具体化,是与专业教育、通识教育深度融合的大学教育的全新发展方向的创新创业教育理念。2010年,教育部出台《关于大力推进高等学校创新创业教育和大学生自主创业工作的意见》,并指出:"创新创业教育是适应经济社会和国家发展战略需要而产生的一种教学理念与模式";"在高等学校开展创新创业教育,积极鼓励高等学校学生自主创业,是教育系统深入学习实践科学发展观,服务于创新型国家建设的重大战略举措;是深化高等教育教学改革,培养学生创新精神和实践能力的重要途径;是落实以创业带动就业,促进高等学校毕业生充分就业的重要措施。"[1]

由此,创新创业教育理念是高等学校适应经济社会发展而形成的教育理念。创新创业教育理念的提出,是中国高等教育应对全球化知识经济时代挑战的必然选择,是实现我国高等教育改革与发展、加快经济发展方式转变与经济结构调整、推进改革开放与自主创新的迫切需要,要求高等学校在体制机制上把创新创业教育作为总体性的、根本性的、系统性的教育教学改革工程。

2. 创新创业教育理念提出的意义

职业院校扎实推进创新创业教育和学生自主创业工作,深化教育教学改革,呼唤创新创业教育理念,它对发展高等教育理念,推进职业院校实施创新创业教育具有重要的现实意义。

(1)创新创业教育理念的提出是高等教育理念与时俱进的需要。当今中国社会发展驶入快车道,科学技术日新月异,经济社会快速发展,高等教育要培养适应经济社会发展所需要的各类创新创业人才,就

---

[1] 吴金秋:《中国高校"融入式"创新创业教育》,黑龙江人民出版社,2013,第33页。

必须确立创新创业教育的新内涵,提出先进的创新创业教育理念,在专业人才培养过程中注入创新创业元素,充分体现高等教育理念的与时俱进。确立先进的创新创业教育理念,有利于完善高等教育目标,更新高等教育内容,拓展高等教育途径,从而适应经济社会发展。

(2)创新创业教育理念的提出是职业院校推进创新创业教育的需要。创新创业教育是职业院校适应经济社会发展而形成的教育理念,是面向全体学生,结合专业教育,融入人才培养全过程的教育模式。职业院校推进创新创业教育,深化教育教学改革,实现学校内涵发展,需要先进的理论指导和坚实的思想基础。职业院校教学模式、教育机制、运行体制的不断深化要求理念先行。确立先进的创新创业教育理念,有利于职业院校将创新创业元素与内容融入专业人才培养全过程,从而扎实推进创新创业教育和学生自主创业工作。

第五章
现代职业教育产教融合教学资源建设

职业教育的发展必须推行校企合作、工学结合。当前,很多职业院校在人才培养模式上不断变革,秉承教育服务的理念,更新办学理念,创新人才培养的体制机制,通过构建实训基地、建设双师型队伍、实施双元制课程等方式,加强职业教育产教融合教学资源的建设。本章就对这些教学资源展开分析和探究。

第一节　产教融合实训基地

一、实训基地科学建设遵循的基本规律

职业教育实训基地建设承担着社会需求、企业需求、教育需求和政府的愿望等诉求,有自身发展的需求,因此实训基地建设除了遵循自身的建设发展规律之外,还必须遵循教育规律、经济和人口发展的规律以及自身规律等不同规律。

(一)实训基地建设要遵循教育规律

实训基地说到底是培养人才的场所,因此实训基地的建设和使用必须遵循教育规律和职业教育的规律。所谓教育规律,是指教育现象同其他社会现象或教育现象内部各构成要素之间的固有矛盾,或彼此之间的内在联系。从总的规律层面看,教育规律包括了教育与生产力之间的相互关系、教育与社会经济制度之间的相互关系、教育与人口控制之间的相互关系、教育与社会文化之间的相互关系、教育与部门不同构成要素之间的关系等。

1. 实训基地建设应该遵循基本教育规律

所谓基本教育规律,是相对于职业教育规律而言的。[1] 我们讲的基本教育规律,指的是教育现象内部固有的关系,而实训基地建设必须遵循这些基本教育规律。

第一,实训基地遵循育人规律。教育是指按照一定的要求,有目的、

---

[1] 朱其训:《实训基地科学建设论》,中国矿业大学出版社,2011,第15页。

有计划、有组织地向受教育者传授知识和技能、培养思想品德、发展智力和体力的活动。实训基地是为职业教育服务的,是职业教育开展其教育的主要场所,因此实训基地必须遵循育人规律,按照社会人才的需求而培养技能人才。

第二,实训基地遵循人的成长规律。实训基地多是为职业院校在校生培训服务的,职业院校在校生正处在成长阶段,这些学生有着年轻人的一切成长特征,因此实训基地的建设和使用必须遵循人的成长规律,对受教育者加以引导,使之不断发展。

第三,实训基地还必须遵循教育的升学规律。我们国家的人才使用有一个独特性,那就是"文凭论",不少企业聘用员工时仍先看文凭。实训基地的教育还必须为学生获得某些文凭服务,这是一种社会对职业教育的制约。

2. 实训基地建设应该遵循职业教育规律

所谓职业教育规律,是指职业教育现象内部各构成要素之间及与一定时期社会经济发展之间的内在联系。[1] 遵循职业教育规律,就是遵循职业教育结构、功能和发展等规律。

第一,实训基地遵循职业教育的结构规律。所谓结构规律,是指揭示实训基地教育要素之间的关系及其组合形式、结构形式的关系。实训基地建设是政府主导、企业以及经济发展需求、职业院校使用的构成形式,这三种构成形式结合的目的就是完成职业培养的任务。实训基地的结构规律是较为独特的规律,是实训基地建设中必须遵循的重要规律。

第二,实训基地遵循职业教育的功能规律。"以就业为导向、以服务为宗旨"是职业教育培养人才的方针,也是其功能规律。实训基地培养有技能的职业人,必须以职业需求和保证就业为导向,必须以服务经济发展为要求,"就业服务"是实训基地育人的主要功能。

第三,实训基地遵循职业教育的发展规律。职业教育实训基地的发展规律指描述实训基地从一种状态向另一种状态转变的规律,职业教育

---

[1] 朱其训:《实训基地科学建设论》,中国矿业大学出版社,2011,第16页。

实训基地发展规律的核心问题是从纯教育的形式向工学结合、校企合作的方式发展。实训基地不仅仅只是为了培养学生的技能，而且是为了在培养学生技能中实现工学结合和校企合作，让学生学到以后工作中的真本领，并从实训中获得一定的经济收入。

（二）实训基地建设要遵循经济和人口发展的规律

经济的发展与人口是紧密相关的，我国实施的是计划生育政策，即人为地、有计划地调节人口生产数量以提高人口素质，使人口的再生产与物质资料的再生产相适应，以保证劳动者充分就业。

1. 实训基地建设要注意遵循人口增长规律

人口增长有其自身的特点：人的生存必须消费各种物质资料，人口数量和质量如果有问题，没有速效的补救措施；人口的增长多是以家庭为单位进行的；人口的生存周期大大高于人口的生育周期；人口再生产有惯性；人口再生产在计划生育条件下有规律性。实训基地建设要注意人口增长的规律性，从而更好地为人们提供培训服务。

第一，实训基地建设为教育分流服务。中国作为发展中国家，把所有人口都培养成受过高等教育的理论研究工作者是不现实的，经济建设需要技能人才，教育必须实现科学分流，使高等教育与职业教育各在其位，培养不同层次的人才。而实训基地建设就是要为分流到职业教育的人口服务，使他们成为掌握技能的人才。

第二，实训基地建设为就业服务。就业因区域不同而有其自身的规律，实训基地建设要为区域人口的就业服务，让分流出来的人学到技能和本领，从而能够就业，能够体面地生存和生活。

第三，实训基地建设为提升人口素质服务。职业院校的学生多是中考、高考的落榜生（中职更为明显），他们普遍有灰暗的心理。要帮助他们从考试失败的阴影中走出来，培养成为社会所需要的技能人才，实训基地的教育形式功莫大焉。实训基地的教育和培训不仅要教会受训者技能，还要教会受训者做人。

2. 实训基地建设要遵循区域经济发展规律

经济发展有全局性规律,也有区域性规律。中国古话"一方水土养一方人家"和"靠山吃山,靠海吃海"讲的就是一种区域经济的特点。这些经济特点就可以形成区域经济发展的规律,成为实训教育必须遵循的规律。

第一,区域经济中主导产业的导引规律。区域经济的主导产业是区域经济发展的龙头,引领着区域经济的发展走向。职业教育的培训基地正是在主导产业导引下建立和发展的,并且为区域经济发展不断调整自己的专业方向。

第二,经济收入规律。由于发达和欠发达地区有所不同,所以经济收入直接或间接地影响着就业方向。实训基地既要为当地就业者培训服务,也要为外来就业者培训服务。

第三,风俗习惯规律。由于区域不同、民族各异,不同区域有不同的风俗习惯。实训基地的建设要注意不同区域的风俗习惯,为培养区域习惯用得上的技能人才服务。

(三)实训基地建设要遵循自身的规律

实训基地的建设使用和发展有其自身的规律,这些规律是实训基地得以发展的保障。实训基地的主建单位、主管单位必须熟悉这些规律,运用好这些规律,按规律办事,以保证实训基地科学发展。

1. 实训基地的学用统一规律

职业教育的工学结合、校企合作、顶岗实习等方式都是为了学用统一,为了让学生熟练地掌握一门技术。"学用统一"是实训基地培养人才的根本规律。

第一,工学结合的规律。工学结合也是近几年从实践中总结出来的一条可以遵循的并促进人才科学培养的规律及原则。工,就是工作;学,就是学习。工学结合就是在工作中学,在学习中操作,使工作学习结合在一起。这样做的好处,是使学生在学习中掌握了工作需要的技能,在工作中又学到了技能和操作技巧,并把技能理论用到实践中,同时还有部分收入,解决了实践学习中的经济需求。

第二,用学一致的规律。用学一致源自"学用"结合。在实训基地学习,首先是把所学的知识和技能用到实际操作中,当然这种"用"也是一种学,但主要内容是用,是用所学的理论知识和传授的技能,操作完成一个项目或一个课题,"用学一致"也是职业院校实训基地培养人才的基本途径。

第三,校企一体的规律。在一般院校中只提校企合作,"校企一体"作为校企合作的目标是 2009 年才提出来的。校企一体可以从三个层面来理解,首先是学校办工厂,前校后企,实现一体;其次是企业办校、校企一体;最后是实训基地企业化管理,使学校与实训基地融为一体。校企一体是一种方向和理想,真正全部实现校企一体仍需要相当长的时间,需要实践的检验。

2. 实训基地的技能培训规律

实训基地是面向社会、面向人人的教育场所,技能培训应是实训基地的"天职"。技能培训受企业发股和就训者喜好的制约,因此遵循企业需求和引导就训者实训方向成为实训基地的重要任务。

第一,技能为核心的培训规律。实训基地的培训是培养受训者技能的,技能第一、技能为中心应是实训基地教育的特色。无论是社会人员培训还是在校生的培训都应以培训技能为核心。国家大力推行学历证书及职业资格证书"双证书"制度,实行"先培训、后就业""先培训、后上岗"的规定,这都是按技能培训规律提出的要求。

第二,奇招绝技的发掘和延续规律。所谓奇招绝技,是指少数人掌握的不易被大多数人学习掌握的特别技能。这些奇招绝技有祖传或师承下来的,实训基地应该遵循技能发掘发展的原则,注意奇招绝技的传承和训练,总结出奇招绝技的延续规律。

第三,科学进行技能鉴定的规律。所谓技能鉴定,是指对受训者或社会掌握技能的人员进行技术能力考核的确定工作。技能鉴定是对受鉴定者一种技能的确认,对他们的再进步和就业有较大的帮助。技能鉴定具有考核性,对受技能鉴定者可以考核和确认;技能鉴定具有引导性,即可以对某项或多项技能进行推广或扩大影响;技能鉴定具有鼓励性,即对受鉴定者的某项技能予以认可认同并加以确认,从而鼓励受训者和其他人继续努力;技能鉴定具有规范性,即可以对技能培训方向和每个人的技能水平加以规范。

3. 实训基地的市场性规律

所谓市场性,是指实训基地应依据市场经济条件下经济发展的规律而设计和建设,并用市场化管理方式对实训基地加以规范和管理。市场是实训基地发展的导向,这个市场除了经济的大市场之外,还有受训者市场、企业市场、就业市场等。

第一,就业市场规律。就业市场规律指就业过程中技能人才与企业和受训者之间的内在联系。这种规律反映了企业的就业技能导向,受训人员的技能水平和悟性、实训基地的培养能力等关系。就业市场规律是实训基地内在的首要规律。对于受训者来讲,到实训基地学习就是为了学本事,找个饭碗。企业应该提前设立需求岗位,以使实训基地有的放矢地培养人才。

第二,改善民生的原则。所谓民生,是指百姓的生活、生存和生计。加强职业教育,搞好实训基地的技能培训,就是促进就业,就是解决民生。实训基地表面上是培养技能,实质是在解决就业这第一大民生问题。

第三,风险规律。所谓风险,是指实训基地的建设和使用时存在着"无米下锅"的危险,这种危险在公共实训基地表现得更为明显。假如没有人去基地实训,也就没有人去搞鉴定培训,那么实训基地就不会有效益。因此,实训基地存在着不可用风险、不好用风险,不可维持的风险,这是实训基地科学发展中应该注意的。

二、实训基地的科学建设

所谓科学建设,是指对正在建设的实训基地要科学筹划,具有战略的眼光,跟上企业发展的需求和职业教育发展的实际情况来设置实训基地的专业(工种)方向;对于已经建好并已使用的实训基地要加强内涵建设,要科学管理,及时调整专业(工种)以及实训内容和方法,使之跟上经济发展方式转变和产业结构调整的要求,提升培训的质量和实用度。

(一)科学筹划,合理使用

科学筹划包括了建设和使用中的科学筹谋和规划。由于公共实训基地存在"开工"不足的事实,我们必须尽快找出原因,及时调整管理结构或专业设置结构,使实训基地正常运转。由于学校所有的实训基地多数还是"消耗型"的使用模式,必须尽快搞好企业化的管理,使学校的实训基地发挥更大的作用。

1. 科学管理

所谓科学管理,是指用合理、实际、先进的方式管理实训基地。实训基地是根据区域经济发展的要求,并力求满足受训者学习技能、实现就业的愿望而建设和管理的。

第一,专业(工种)设立要科学。对于公共实训基地来讲,它既要满足企业、学校的人才培养需求,又要满足社会培训和鉴定的需要,因此要不要建、建什么样的实训基地是科学建设的第一步。在完成建设的第一步之后,对于设立什么样的专业(工种),设哪些专业(工种),以及人们对专业(工种)的需求要有科学地预测。专业(工种)培训之后要有科学地总结,总结之后还要进行科学的调整。实训基地的专业(工种)设置不是一成不变的,它要根据人们对专业(工种)的需求进行科学的、及时的调整。公共实训基地要尽量按"综合"的方式建设和设置,以求尽量满足不同专业(工种)的需要。学校所有的实训基地,要根据自己所设的专业情况,设置自己实训所需求的专业(工种),并力求对社会开放。对于企业设置或校企合作设置的专业(工种),在满足该企业需求的同时,争取对其他学校和企业开放,追求专业(工种)设置效益的最大化。

第二，与区域经济结合要紧密。实训基地的建设和使用一定要紧密结合区域经济，紧密结合社会实情。紧密结合区域经济至少要做到三点。一是紧密结合区域经济的需求，满足区域经济对技能和技能人才的需求。二是紧密结合区域经济的调整。区域经济发展方式和产业结构调整急需新型技能人才，实训基地的培训要尽快满足这种调整之后的需求。三是紧密结合区域经济的未来走向。由于职业教育与企业发展有时并不同步，职业教育有一定的滞后性，因此实训基地的领导者要具有前瞻性的眼光，跟上区域经济未来的发展走向，及时做好培养新型人才的准备和有目的地为未来培养人才。

第三，实训基地的管理要实现产业化。产业化管理公共实训基地是实训基地科学发展的必由之路。政府出资金建设实训基地，可以作为股份投入，实行股份制的企业管理方式，推动公共实训基地的科学运转。公共实训基地不能成为设备闲置基地，也不能成为新的国有资产"大锅饭"。实训基地产业化管理首先要确立服务与营利统一的原则。实训基地既要服务受训者、服务企业，又要理直气壮地核算成本。实训基地产业化要坚持把实训基地建成企业的原则，这点对公共实训基地尤为重要。把实训基地建成一个企业，这个企业必然会按企业方式去经营，而不会按照事业单位去管理。实训基地产业化还要坚持经营的原则。所谓经营，就是要按照企业的模式去"运转"实训基地。经营实训基地是学校所有实训基地的建设方向。

2. 科学使用

建设理想的、设备较为先进的实训基地只是完成了实训基地建设的第一步，关键在于如何使用实训基地，发挥实训基地应有的功能作用，使实训基地成为培训技能人才的基地。

第一，科学安排实训时间。作为公共实训基地，既要按企业管理的方式安排受训者实训，又要给学校以及社会受训者一定的实训时间，以保证受训者学到一门技能。科学安排时间，让实训基地有创收的时间，又让实训基地有公益训练的时间。作为学校的实训基地，首先要保证教学任务的完成，其次要保证学生有时间训练，最后还要考虑如何使实训基地成为企业的生产基地。

第二,科学安排实训内容。实训内容是根据课程计划安排的,有些课程是用课题或项目形式完成的,要根据实训基地的实际情况,安排好实训的具体内容。实训内容首先要按教学任务去完成。实训的教学内容是一个系统,有时间长、周期长、反复练习的特点。实训内容要按实训目的进行安排。实训目的有方向性目的和具体的实训目的,实训内容要为完成实训目的而设计。实训内容要突出实训的重点以及难点。实训内容一是包括了实训准备诸如机器设备的准备、实训材料的准备等;二是包括了实训人员的对号以及对实训人员的实训要求,诸如教学要求、安全要求等;三是包括了实训老师的示范,实训指导老师要按规程、按计划、按要求进行示范;四是包括了个别受训者的实际操作,老师指导和纠正;五是包括了所有受训者的实际操作;六是包括了老师的实训总结。具体技能训练是十分细致的,以车工技能训练为例,必须按照车工训练的程序逐步推进,要了解车削的基本知识,进行车削实践,包括诸如车外圆柱面、车内圆柱面、车内外圆锥面、表面修饰和车成形面、螺纹加工、车偏心工种、车削复杂工种、车床的调整及故障排除等。总之,要做到前后有序,先易后难,环环相扣,逐步推进。

第三,科学安排运作模式。以程序化运作模式(也叫"单元训练法")为例,实训教学可以分为八个阶段。

第一阶段:导向教学。导向教学包括了实训准备、导向教育、布置任务和开始教学四项内容。实训准备要有明确的责任教师,教师必须依据教学大纲制订教学实训计划,按单元内容准备训练作业,落实好助理实训教师,落实好实训场地、设备、器材、各种工具、消耗材料、需用图纸、安全防护、卫生等准备工作;作为学生在老师的指导下做好心理准备,保持良好的身体状态,要预习相关实训专业(工种)的知识。导向教育要在实训课程开始前进行动员,讲清实训课的目标和要求,动员时要注意提出要求;做到有序实训、安全实训,规范教和学。布置任务指分组布置任务,要指定组长。小组一般不宜超过7人;每一名受训者都必须从指导教师手里拿到一份实训计划和训练任务书(作业),训练任务书包括了当天单元训练任务,训练的具体内容、方法和步骤(工艺流程),所

needy的设备、材料、工具和图样,训练进度和时间安排,操作规范和要求以及评分标准等。开始教学指组织学生按时进入实训场地,清点人数,领用和清点设备、工具,导入新的训练课等。

第二阶段:讲解要领。讲解要领指指导教师要把当天或本单位(课题)实训的内容、步骤(工艺流程)向学生们讲解,对单元中的重点、难点环节和技术、技能方面的细节问题以及理论依据,必须讲明、讲清、讲透。要讲清哪些必须这样做,哪些必须那样做,为什么必须这样做,为什么必须那样做,必须注意哪些问题等。在讲解中,要讲明设备、仪器、工具、图样的基本知识和选择,讲明这些工具等的使用方法;在讲解中应讲明训练的基本要求和标准规范,训练进度和消耗材料的限额;在讲解中要讲明安全文明操作及操作规程,讲明可能发生的故障和防止的方法;在讲解中要讲明认真的必要性和刻苦训练的作风及方法;在讲解中还要讲明自己理论指导实践的亲身体验。另外,在讲解中要采取现代的教育技术和运用现代教学手段,以追求实训教学的讲解效果。

第三阶段:示范演练。示范演练是实训教学的第一步,也是实训教学中极为重要的一步,它是以"直接知觉"为主的直观教学方法。指导老师通过实训教学的示范演练,让受训者身临其境,通过示范获得的感性知识,加深对该门实训课基本技能的理解。从实训教学实践来看,如果在实训教学中,指导老师只动嘴,不动手操作示范,受训者一般很难理解和掌握操作要领。示范演练是一种实实在在的感知技能的方法,通过直观地示范演练,受训者增长了观察问题、分析问题、理论联系实际的能力,开启了模仿的第一步。示范演练是教育学生"应知""应会"的有机结合,从何入手,到如何深入,再到如何处理细节,真正引导受训者理论联系实际,知识融入技能,学会技能操作。指导老师做示范演练,嘴必须讲清,手必须准确无误、规范和熟练。在示范中必须对一些环节进行简明地讲解,即边演示,边讲解。讲解演示中,要讲清动作的特点和关键,对关键环节和容易出错之处应多次强调,反复演示,重点演练。

第四阶段:训练指导。训练和指导是实训过程的重中之重,是受训者在看过老师演示之后,由理论到实践,由听、看到理解和做的阶段,是以实际训练培养受训者从"应知"进入"应会"的关键阶段,也是培养学生技能技巧的最主要的教学方法。训练指导要求每一名受训者根据布置的作业和任务,按照操作步骤和工艺流程,一步步地操作,反复地训练,在反复训练中实现强化。要求实训者在学中练、练中学,使技能、技巧与老师传授的理论和知识、演示的示范效果有机地融为一体。在训练指导这一过程中,要注意发挥学生的积极主动精神,要把学生推到主导地位,形成以学生训练为中心、以能力为本位的教学训练过程。指导老师必须紧跟实训中的受训者,保持现场的巡回指导和及时的检查,检查的内容包括受训者的操作姿势、操作方法、操作规程、操作安全和实训的成果质量,及时帮助学生解决实训中的实际问题。对受训者遇到共性难题或共性有价值的问题时,老师可以分析、归纳、总结,并让受训者参与其中,以求找到解决办法,使有价值的问题得以升华。

第五阶段:考核评分。考核评分是指受训者在教师指导下,依照课程、项目、课题的训练步骤和规范,完成一天或一个单元的实训内容之后而进行的检查、评分。评分一般由受训者就自己操作训练或"课题"情况做出简要的陈述,再由指导教师按照实训标准检查审定,实事求是地写出对该受训者一个单元或一天的受训情况和完成结果情况,写出简评并给出成绩,把简评和成绩记在受训者的实训手册上。待整个实训内容全部完成之后,受训者是否达标,要由指导老师以及助理指导老师进行综合成绩评定或者按实训要求进行考试评定。综合成绩的评定一般以实训小组为单位进行。程序是受训者先就自己整体实训过程的情况作简要陈述,讲出难点和技能掌握的重点,由小组成员予以评分,评出每人的综合成绩,再由指导老师和助理指导老师就学生的实训态度、成果和对重点难点的理解,对实训情况给出综合实训成绩以及评语。考试成绩评定,可以采取工件制作、口试、笔试相结合的方法。记分一般按百分制计算:90—100分为优秀,80—89分为良好,70—79分为中等,60—69分为及格,60分以下为不合格(不及格)。

第六阶段:清理现场。清理现场指对训练的场地、设备仪器以及工具等在每天训练结束时进行整理、归位,摆放整齐,并打扫好卫生;对于实训者个人，做到衣帽整齐、关水、断电、关窗、锁门。清理现场环节中最为重要的是在实训工作结束后，对借来的工具、仪器要按时归还，对损坏的工具仪器要说明登记并做相关处理。指导老师要对水、电、门、窗等做最后的检查，防止有遗漏。

第七阶段：分析小结。一天实训结束要有分析和小结，一个单元完成后也要有分析和小结，一个课题完成后也必须有分析和小结。分析是一种回顾，查找成功和失败的不同原因，找出带有规律性的东西，对有价值的技能体验、操作中的不同体悟进行分析和研究，这能够为以后的实训提供借鉴。分析小结由受训者个人先进行，写出自己的收获以及体会，在小组会上发表自己的体会和看法，指导老师再做归纳总结，分析整个实训过程中的教、学、成果、质量、问题、体会等。

第八阶段：结束训练。所谓结束训练，是指实训基地和相关实训单位对受训者从课题训练安排到结束之后的小结进行全面总结，对"项目"或"课题"教学的成绩和不足加以归纳，对受训者在受训过程中的反映和经验进行概括，对指导教师的工作进行评估，让实训有始有终，找出实训的不足，使实训教学与企业结合得更为紧密，为以后实训基地人才培养找出更为科学的道路。

第四，科学安排各类技能大赛。近几年，技能大赛已成为技能人才展示技能的亮丽平台。从国家层面看，有教育部主办的技能大赛以及人力资源和社会保障部主办的技能大赛；从基层层面看，有学校和地级市主办的技能大赛；从行业层面看，有行业举办的技能大赛等。应该说，这些技能大赛对于促进受训者学技能起到了一定的推动作用，但对于推动企业技术进步的作用有多大，仍需要分析。由于教学、培训是有规律可循的教学环节，因此科学安排好技能大赛已成为实训基地的重要任务。安排各类技能大赛要注意设备等物质的可行性。所谓物质可行，是指实训基地的设备、大赛所需的物品，整个教学安排都要为大赛做好准备。安排各类技能大赛要注意人员的可行性。机械调试师、物资保障人员要到位，参赛的受训者要有参赛的意愿和技能准备。对于职业院校来讲，大赛的推动作用是明显的，投入也是很大的，因此参加技能大赛人、财、物的安排都应体现科学的原则。

3. 校企结合

实训基地建设和使用必须注意校企结合。校企结合的核心在于实训基地用企业化管理的方式把实训基地办成产业化的基地,鼓励职业院校进行前校后厂的试验,强化实训基地的企业化管理。对于公共实训基地的建设,一定要注意使政府、行业、学校三方共同确定实训基地的建设方案,为共享共赢实现科学管理和科学建设打下基础。

第一,资源共享,成本分摊。资源共享指在设备、师资、技术等方面的共享,采用开放的实训方式,既对协作各方"开放",也对其他职业院校、企业和社会人"开放"。当然这种"开放"需要一定的成本,可以对共享单位和个人收取适当费用,收费标准以实训基地使用成本计算。为了在共享中合理收费,必须严格各方面的管理,诸如严格教学管理、严格设备管理、严格工具管理、严格材料管理、严格受训者管理、严格财务管理等,一句话,用企业化管理的方式管理实训基地,使协作各方和协作者之外的各方也能获益。企业化管理方式的核心在于"经营"实训基地,实现成本核算、成本分摊、利益共享。

第二,企业主导。企业主导即以企业为主组织生产和实训的一种模式。企业主导有企业自办实训基地的形式,对合作院校的师生进行"职业"培训,也有学校提供场地和管理,企业或行业提供设备、师资和技术,以企业为主组织生产和学生实训的方式,还有企业通过公共实训基地对受训者进行培训的方式。企业主导的实训主要由企业亲自培训、定单式培训和企业设备投入的培训构成。从实训基地建设和管理的几种形式分析看,企业主导的实训方式应是最为理想的方式,因此企业主导原则是最为科学的原则。

第三,前校后厂。前校后厂是近几年实训基地建设中新总结出来的建设模式。前校后厂一般要以区域经济产业链为框架,使"后厂"成为产业链中的一节链条,既直接参与区域经济建设,又为区域经济的发展培养技能人才。学校自建工厂,有利于学生直接参与生产性实训,有利于学校工厂的创收,有利于企业与学校的真实合作,有利于实训基地的科学建设。前校后厂还有利于设备生产化、环境真实化、管理企业化、教师技师化、学生员工化。

（二）科学训练，规范课程

职业教育不同于升学教育，职业教育的课堂正从传统的课堂中走出来，设在了工厂车间、服务场所和田间地头，尤其是设在了实训车间。实训车间已成为职业教育的主要"课堂"，必须注意科学训练、科学地规范课程。

1. 职业院校学生思维方式的科学认定

心理学认为，人的思维方式主要有两种，一种是形象思维为主的思维方式，一种是逻辑思维为主的思维方式。所谓形象思维，是指从普通教育系列分离出来，对逻辑思维较为迟钝，而对形象思维较为敏感的受教育个体的思维方式。这个思维方式是通过实践由感性阶段再到理性阶段，最终又返回实践的思维过程，符合职业教育学生对数、理、化以及外语等书面知识迟钝，但对动手知识喜好的特点。形象思维原意称艺术思维，是人们在艺术欣赏和艺术创作过程中所进行的主要的思维活动和思维方式，我们采用形象思维新的含义，为的是便于对职业教育学生思维特征的理解。在实际生活中，形象思维和逻辑思维不是对立的，而是相互交叉和相辅相成的。职业院校的学生是以形象思维为主的学生，升入大学的学生是以逻辑思维为主的学生。实训基地建设和管理一定要注意学生的思维方式，注意学生特点，因材施教，从而达到培养技能人才的效果。

第一，鼓励和尊重受训者。实训基地培养的技能人才，多是因"应试"而"失败"的学生，在"应试"的压力下，出现了一些值得重视的心理偏向，诸如自卑心理、破坏性心理、玩世不恭心理等。要针对这些特征做好疏导工作，要给学生以鼓励、肯定、表扬、尊重、理解、激励等，在实际教育中通过技能培训，使受训者掌握一门甚至几门技能，从而形成自信、自立、自强、自爱的健康心理，成为受社会欢迎的有用人才。

第二，提倡一专多能。职业教育是一种就业教育，就业必须有一门拿手的技能，在掌握了一门拿手技能之后，还必须注意多项能力的培养,诸如会驾驶、会计算机、会专业(工种)方面的英语、会生活水电常识及维修、懂法律、懂管理等。一专,是必备的,是实训基地教育必须达到的;多能,是应该具有的,便于受训者在以后的工作生活中得心应手,活得更精彩。

第三,提倡创新创造。创新说到底也是创造。我们已分析过,职业教育多是以形象思维为主的学生,这些学生善动手,实训基地要利用学生善动手的特点,鼓励他们创造;另外,在安排教学中,要注意安排创新的课程,创造学生创新的条件,使学生成为创新型技能人才。

2. 科学指导实训基地的建设和使用

实训基地的建设和使用尤其是公共实训基地的建设和使用,相关部门必须科学指导。

第一,职能部门和实训基地上级部门的科学指导。从原劳动和社会保障部办公厅《关于开展高技能人才公共实训基地建设试点工作的指导意见》中我们可以看到政府的指导力度。统一规划和指导全国公共实训基地建设工作,公共实训基地原则上依托中心城市建设,可以集中建在一个地点,也可以根据本地区产业分布和培训资源分布特点进行布局。积极争取当地政府的重视,争取财政、发展改革等有关部门的支持,从高技能人才专项工作经费、城市教育费附加、企业职工教育统筹经费以及国家职业教育基础设施建设专项经费等资金中筹措公共实训基地建设资金。将公共实训基地的建设、运行和维护纳入地方财政预算管理,人员工资应争取由当地政府财政全额拨款。同时,积极探索就业再就业资金、失业保险基金在促进就业方面发挥更大的作用,并提出要"加强公共实训基地与企业的合作"。应该说,中央政府对公共实训基地建设的指导力度是很大的,有些规范是到位的。但地方政府的职能部门存在缺位现象。政府职能部门缺位,说明了指导的缺失,必须由上级职能部门规范以及实训基地的管理部门去积极争取。

第二,科学地争取指导。中国特色的实训基地建设,确定了实训基地管理部门必须主动争取指导,实训基地的管理部门以及职业院校应主动争取上级相关职能部门的领导和引导。把被动接受领导转为主动寻求领导,关系到实训基地的科学、协调发展。主管实训基地的职能部门"手"中不仅掌握着实训基地建设的人、财、物,而且掌握着可以改变实训基地命运的"政策"。争取指导远远不是指导的问题,一位职业教育专家在一次报告中讲职业院校要做好"两手拉"和"两手抓"。所谓两手拉,是指一手拉政府,另一手拉市场。拉政府,争取领导,运用好这一特殊"资产";拉市场,用市场方式管理实训基地,为市场培养人才,争取更大的效益。"两手抓",一手抓实训基地的科学建设,一手抓实训基地的改革,抓建设、抓改革都离不开上级职能部门的指导和领导。

第三,灵活地运用上级指导等规划。"灵活"既指争取指导中的灵活,也包括了实训基地使用和管理中的灵活。不少公共实训基地"开工"不足,有市场原因,也有灵活机动原则运用不够的原因。市场经济由市场调节便造成了某些专业(工种)的时兴时衰,有些新兴专业实训基地又缺少师资,因此实训基地怎样设置专业(工种),怎样培训市场需求的技能人才等,需要实训基地运用灵活机动原则。同时,要在争取领导的指导中,用好、用足政策。用好、用足政策本身就是灵活机动原则的体现。

3. 科学规范实训课程

实训基地的课程规范不完全等同于职业院校的课程要求,也不完全等同于社会培训的要求。实训基地的课程规范必须遵循自身的规律和自身课程设置的原则,诸如理论够用的原则、设置综合课程的原则、理论与实践相融合的原则、重在技能的原则等。

第一,理论够用的原则。所谓理论够用,是指实训学习中,只对与实训相关的理论进行学习和掌握,其他基础理论以及某些专业理论已经在以往的学习中学习过,不再安排学习。理论够用指在实训过程中和掌握技能之后的工作中,所学的理论能够用得上,对掌握技能有帮助。不再重复设置一些对专业(工种)技能掌握没有任何帮助的基础文化理论,只设置对掌握技能有帮助的文化基础理论和相关的专业基础理论。理论够用是职业院校在多年教育实践中总结出来的经验原则,理论够用没有明文规定,是约定俗成的。

第二，设置综合课程的原则。综合课程实际上是技能培训课程，这种培训课程设置又应该以过关为原则。综合课程的设置要考虑到职业鉴定的考核要求，对受训者有针对性地训练，灵活地掌握受训者情况，保证受训者顺利通过等级考核。在等级考核结束之后，还必须带领受训者转入企业需求的学习，这种学习必须与企业沟通，实行岗位技能培训，让受训者在老师和师傅的带领和指导下，把所学的技能、知识与企业岗位需求结合起来，以达到用人部门对技能人才使用的要求。综合课程的后半部分设置是必需的，这在以往课程安排中不全面，有的培训部门（包括职业院校）认为技能鉴定合格拿到等级证书就是实训基地课程的结束，使受训者远没有达到用人单位的用人要求。

第三，理论与实践相融合的原则。所谓融合，是指理论与实践合成一体。理论与实践的融合是实训教学的最根本方法。理论与实践的融合除了理论与专业技能融合之外，还包括了理论与学习能力、工作能力、交往能力的融合。一是理论与专业技能的融合，这是实训教育的主要融合方面。专业技能指专业技术能力。受训者把所学的专业基础理论、技术操作理论运用到专业技能实训的实际操作中，按照理论规范的步骤、理论标明的操作要求、理论标明的技能操作效果以及理论标明的操作注意事项，按步骤进行实际操作。操作进入实施过程与理论描述和要求还是有区别的，这就要求受训者使理论与技能操作融合起来完成自己的操作课题。二是理论与受训者学习能力的融合。学习能力说到底是受训者选择学习方法的能力。受训者选择学习方法的能力来自理论的指导和对现实的总结，要使受训者对所学的专业信息进行收集，并让受训者对各种技能信息进行评价，再让受训者用理论与实践相结合的方法规划学习技能的计划和目的。三是理论与受训者工作能力相融合。这里的"工作"指在培训过程中做好和做完某项课程的过程以及获得预计的成果。要培养受训者独立完成"工作"的能力，培养受训者独立完成一项"工作"的组织能力，培养受训者在"工作"过程中学习和掌握新技术的能力。四是理论与受训者交往能力的融合。受训者交往能力指社会交往的能力。受训者的交往能力指在"工作"过程中与师傅、同事、企业等人和物的交往水平。要在融合中发展技能应用水平，养成接受被否定的耐力,要在融合中提升协作水平,在融合的"工作"中学会坚持并维护自己的正确意见。

  第四,重在技能的原则。职业教育的"根本目的是让人学会技能和本领"。在实训基地建设中广大教师要深切明白这句话的深刻含义,并转变以往的教育方式和教育手段,转到保证让受训者学会技能方面来。坚持重在技能要有明确和稳固的专业(工种)思想。受训者要学什么样的技能,一般需要选择专业(工种),确定专业(工种)之后,才能够走出学习技能的第一步。重在技能要有先进的培训基础,要有场地、设备、原材料、师资等培训条件,以保证学习技能目标的实现。重在技能要有清晰的职业理念。实训是为了技能的掌握,掌握技能是为了寻找一个合适的职业,职业理念在选择专业(工种)时就应该明确。当然,重技能是说明技能在实训中的重要性,不是说一名受训者掌握了技能就完成了培训任务,这其中还要有品德等做人的东西做保证,需要具有一定的市场意识、质量意识、安全意识、群体意识、环境意识、社会意识、经济意识、管理意识、创新意识、法律意识等。

三、实训基地建设案例——以浙江省职业院校实习实训基地建设为例

(一)申报基地已有基础

申报基地名称			全域数字营销实习实训基地		
已建实习实训基地名称			浙江省"十三五"高等职业教育示范性实训基地 浙江省双创示范基地		
面向专业	序号	主要面向专业名称	年招生数(人)	在校生数(人)	高职: "十三五"优势/特色专业 中职: "十三五"特色专业
	1	市场营销	259	835	教育部教学改革试点专业、国家骨干专业、省级特色专业
	2	电子商务	260	741	省"十三五"特色专业
	3	国际经济与贸易	137	510	省级示范专业
	4	跨境电子商务	110	200	省级示范专业
	5	关务与外贸服务	139	323	省级示范专业
	6	国际商务	90	255	省级示范专业
		合计	995	2864	
现有实训条件	序号	实训室名称	面积(m²)	工位数(个)	设备值(万元)
	1	大数据实训室	120 ㎡	54	144.14
	2	国际商务场景实训室	120 ㎡	54	43.483
	3	跨境电商综合实训室	160 ㎡	89	278.5623
	4	宁波中小企业电子商务外包基地	300 ㎡	113	106.5654
	5	电子商务综合实训室	115 ㎡	60	83.7449

续表

申报基地名称	全域数字营销实习实训基地			
已建实习实训基地名称	浙江省"十三五"高等职业教育示范性实训基地 浙江省双创示范基地			
6	报关与国际货运实训室	160 ㎡	84	132.169
7	电子商务生产性实训基地	426 ㎡	135	102.8945
8	商务综合实训室	95 ㎡	56	26.881
9	营销综合实训中心	165 ㎡	50	6.971
10	财税一体化实训室	90 ㎡	56	41.639
实训设备总值(万元)	906.6527	实训设备生均值（元）		3165
实训基地总面积(m²)	1751	实训基地生均面积（m²）		0.61

师资队伍	基地面向专业教师总人数(人)	专任教师					兼职教师	
^	^	总人数	高级职称教师人数	中级职称教师人数	初级职称教师人数	具有行业企业经历的教师人数	总人数	具有高级工、技师、工程师等职称人数
^	118	64	24	30	10	12	54	21
^	基地管理人员总数(人)	专职管理人员					兼职管理人员人数	
^	^	总人数	高级职称人数		中级职称人数	初级职称人数	^	
^	3	3	3		1	2	10	

续表

申报基地名称		全域数字营销实习实训基地			
已建实习实训基地名称		浙江省"十三五"高等职业教育示范性实训基地 浙江省双创示范基地			
	序号	虚拟仿真项目名称	面向专业	近三年受益人数	近三年课时数
虚拟仿真项目	1	跨境电商营销与运营决策模拟沙盘系统	国际贸易实务、跨境电子商务	1451	69792
	2	SimOS外贸跟单理实一体化教学平台	国际贸易实务、跨境电子商务	710	34080
	3	Pocib i+外贸业务能力B2C实训系统	报关与国际货运、国际贸易实务、跨境电子商务、国际商务(中澳合作)	710	34080
	4	SimAMZ跨境电商理实一体化教学平台软件	报关与国际货运、国际贸易实务、跨境电子商务、国际商务(中澳合作)、电子商务	1451	69648
	5	3D超级货代与报关实训系统	报关与国际货运、国际贸易实务	833	53312
	6	关务技能竞赛平台	报关与国际货运、国际贸易实务	323	15504
	7	归类达人实训系统	报关与国际货运、国际贸易实务	833	39984
	8	通关作业现场作业实训平台	报关与国际货运、国际贸易实务	833	39985
	9	新媒体营销实训系统	跨境电子商务、国际商务(中澳合作)、电子商务、市场营销	1776	85248
	10	ITMC电子商务沙盘竞赛模拟系统	电子商务	741	14820
	11	单一窗口实务实习平台	报关与国际货运、国际贸易实务	232	11136
	12	市场营销综合实训与竞赛系统软件	市场营销	835	16700
	13	汽车营销基本技能考核系统软件	市场营销	835	40080
		合计		11563	524369

续表

申报基地名称	全域数字营销实习实训基地				
已建实习实训基地名称	浙江省"十三五"高等职业教育示范性实训基地 浙江省双创示范基地				
	序号	创新创业（含竞赛）训练项目	面向专业	近三年培训人次	近三年获奖情况
创新创业训练	1	电子商务技能沙盘	电子商务	630	省二等奖1项
	2	市场营销技能沙盘	市场营销	730	省三等奖1项
	3	浙江省第十四届大学生电子商务竞赛	电子商务	40	省一等奖2项
	4	浙江省高职院校技能大赛"智慧物流作业方案设计与实施"个人赛	电子商务	30	省三等奖2项
	5	浙江省高职院校技能大赛"电子商务技能"赛项	电子商务	40	省二等奖3项
	6	第四届浙江省"互联网+"大学生创新创业大赛	电子商务、市场营销、跨境电商	80	省三等奖1项
	7	浙江省第十三届大学生电子商务竞赛	电子商务	30	省二等奖1项
	8	浙江省大学生乡村振兴创意大赛	电子商务、市场营销、跨境电商、国际贸易	60	省二等奖1项
	9	POCIB全国大学生外贸从业能力比赛	国际贸易	480	国家一等奖2项
	10	挑战杯创新创业大赛	电子商务、市场营销、跨境电商、国际贸易	180	省一等奖1项
		合计		2300	

续表

申报基地名称		全域数字营销实习实训基地			
已建实习实训基地名称		浙江省"十三五"高等职业教育示范性实训基地 浙江省双创示范基地			
社会服务情况	序号	各类社会培训项目名称	主办单位	面向对象	近三年培训人次
	1	宁波市职业技能项目制培训	宁波人社局	企业职工	1000
	2	宁波市职工培训	宁波总工会	企业职工	1200
	3	省创业导师培育工程	浙江省高等学校师资培训中心	师资培训	200
	4	宁波江北区紧缺电子商务人才培训	宁波市江北区商务局	电商从业人员	800
	5	传统制造业互联网营销实战培训	宁波市经信委	企业管理层	300
	6	跨境电商B2C平台技能提升培训班	宁波市口岸办	跨境电商从业人员	300
	7	浙江省跨境电商创业导师培训班	浙江省高培中心	师资培训	600
	8	跨境电商运营能力提升培训	宁波市跨境电商促进会	跨境电商从业人员	300
	9	宁波市跨境电商技能高级研修班	宁波人社局	跨境电商从业人员	200
	10	电子商务培训班	余姚人社局	企业职工	100
	11	5G智慧物流	宁波人社局	高技术人才	400
	12	洪塘街道高级办公软件研修班	宁波洪塘街道	街道干部	50

申报基地名称	全域数字营销实习实训基地				
已建实习实训基地名称	浙江省"十三五"高等职业教育示范性实训基地 浙江省双创示范基地				
社会服务情况	13	台湾创业青年直播培训	省台办	台湾龙华科技大学	50
^	14	柬埔寨跨境电商培训	学校	柬埔寨外籍学员	50
^	15	望春监狱职业技能培训	宁波望春监狱	服刑人员	6000
^	16	宁波市中等职业院校国际商务专业骨干教师教学能力提升项目培训	宁波市教育局	教师	320
^	17	慈溪市项目制培训	慈溪人社局	企业职工	100
^	合计				11970
^	序号	职业鉴定项目名称	鉴定等级	发证机构	近三年获证人数
^	1	市人社局"网络创业"技能鉴定	初级	宁波市人社局	1860
^	2	市教育局"网络营销师"技能鉴定	中级	浙江工商职业技术学院	200
^	3	市教育局"网络营销师"技能鉴定	初级	浙江工商职业技术学院	220
^	4	电子商务数据分析 1+X 证书	中级	博导前程	66
^	5	跨境电商 B2B 数据运营 1+X 证书	中级	阿里巴巴	320
^	合计				2666

续表

申报基地名称	全域数字营销实习实训基地			
已建实习实训基地名称	浙江省"十三五"高等职业教育示范性实训基地 浙江省双创示范基地			
序号	承办市级以上大赛项目名称	主办单位	面向对象	近三年参赛人数
1	苏宁易购全国大学生创业大学	苏宁易购	全国在校大学生	450
2	宁波市家电直播大赛	宁波晚报	宁波市大学生	120
合计				570

1. 校企合作共建共享基地情况和成果

校企共建双元制育人实践平台，先后与全国知名企业合作共建"苏宁易购数字营销平台""奥克斯客户服务平台""MINIJ 小吉新媒体数字直播平台"等 5 个产教融合平台，每年为企业定向输送 400 多名现代学徒制学生。

共建实习实训基地，与行业企业合作建设阿里云数据分析中心、众创空间双创园、数字经济产业园、企业数字化服务中心、宁波抖音直播基地等 8 个校内外综合性实习实训基地，每年提供近 1200 个实习实训岗位。探索国际化人才培养平台，共建"TikTok 海外直播实践基地"，合作培养具有国际视野的数字营销人才。

基地先后获得省"十三五"高等职业教育示范性实训基地、省双创示范基地、浙江省"十三五"省级产学合作协同育人项目。

2. 基地工学结合人才培养模式改革与实践

基地构建"四方协同、五链贯通、六新共建"产教融合人才培养模式改革与实践。借助"政府主导、行业指导、学校主体、多企参与"的"四方协同"方式，共同促进专业链、产业链、技术链、创新链与人才链"五链贯通"衔接，重构人才培养"新"方案，创新校企合作"新"路径，建设专兼结合"新"团队,开发课程建设"新"标准,搭建技能培训"新"平台,设立创新创业"新"中心,从而来实现政行校企合作各方利益共享,为行业企业培养数字营销高素质技术技能型人才。

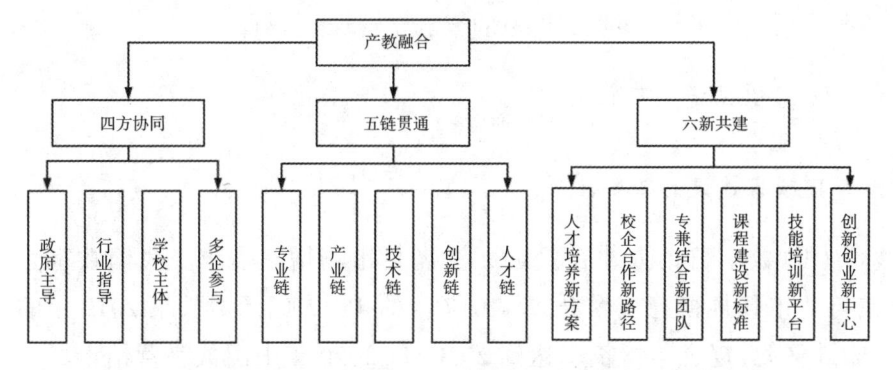

图 5-1 "四方协同、五链贯通、六新共建"产教融合人才培养模式

3. 基地对外开放与社会服务成效

(1)产学研平台建设:与宁波休闲用品协会合作成立数字经济企业服务中心;与宁波众创空间合作共建宁波首个数字经济产业园。

(2)企业技术开发:承接企业委托课题 80 余项,年横向课题到账经费 200 余万元,申报发明专业 10 项,培养指导高新技术企业 30 余家。

(3)社会培训服务:每年完成政府培训项目到款 60 余万,完成职业技能培训 8000 人次/年。

(4)技能鉴定:依托省级技能鉴定所资质,开展电子商务师证书、网络营销师证书鉴定共计 1600 人次。

4. 基地信息化建设成效

(1)资源信息化,建设双元制在线资源库,创新教学手段。通过整合校企双元制的优质教学资源,完成集资源共建共享、网络教学、远程派单实训、交互交流于一体的实训基地实践教学资源管理平台建设。

(2)平台信息化,搭建校园信息服务平台,提供技术支撑。优化校园体系结构,拓宽带宽,实现多媒体录播、监控功能,实现安全管理、远程教学和资源共建共享。

（3）管理信息化，打造智慧实训室，配套智能化管理。利用物联网技术，通过智能数据控制终端设备，将实训室远程电控、智慧电子门牌等整合至一个平台，实现实训室的智能化管理。

（二）项目建设方案

1. 项目建设的必要性

（1）数字营销人才存量远无法满足市场增速需求。我国数字营销行业市场规模稳步攀升，从2017年的450.5亿元增长至2019年的652.5亿元，复合年增长率达到20.35%；2020年中国数字营销市场规模增长至818.2亿元，同比增长25.39%；市场的高速发展催生了旺盛的人才需求，也暴露出数字营销人才培养体系欠缺情况下的人员紧缺问题，以及从业人员在职业能力、素养等方面的不足。

（2）建设人才培养高地，助力数字经济发展。为推动数字营销行业人才建设，构建"产学研用"多方协作新格局，体系化培养数字战略管理、深度数据分析、数字化运营以及数字营销人才，建设全域数字营销产教融合实训基地刻不容缓。

2. 建设目标

通过建设全域数字营销产教融合实训基地，在数字营销人才培养的产教融合制度和模式创新上为全国提供可复制借鉴的经验，建立健全企业深度参与职业教育和高等教育校企合作育人、协同创新的体制机制，推动产业数字化改革需求更好地融入人才培养过程，构建服务支撑产业重大需求的数字营销人才培养体系，形成教育和产业统筹融合、良性互动的发展格局，基本解决数字化营销人才供需重大结构性矛盾，教育对数字经济发展和产业数字化升级的服务贡献显著增强。

3. 建设内容

（1）搭建"协同育人"实训平台，创新校企合作形式内容。依托学校国家级三江职教集团,推动校企共建共管产业学院、企业学院建设,校内校外结合,延伸办学空间;依托省双高数字商务专业群,主动吸纳行业龙头企业深度参与专业群规划、双师队伍建设、双元制课堂建设,合作共建行业产业标准、职业技能鉴定、技术开发研究、现代学徒制培养。

(2)搭建"虚实结合"实训项目,创新实训教学模式。以虚拟仿真系统为硬件建设主要内容,以真实的生产性实训条件为支撑,进行数字化"虚拟—仿真"的实训室建设。建设融教学、培训、职业技能鉴定和技术研发于一体的开放式实训基地。

(3)搭建"创新创业"实践中心,创新实践教学方法。为学生搭建培养创业的理念、传授创业知识、交流创业经验、参与科技创新竞赛、了解社会的平台,坚持教学与社会实践相结合,对大学生进行创新创业教育。

(4)搭建"技术技能"创新平台,创新社会服务价值。积极与优质企业开展双边多边技术协作,共建技术技能创新平台、众创空间和中小企业服务中心;建设技能大师工作室,强化专利申报和转化;建设职业技能培训和鉴定中心,加强1+X证书和职业资格证书的培训和考证。

4. 特色与亮点

精准对接浙江八大万亿级产业之数字经济重点发展领域和宁波246万千亿级产业集群重点产业之智能家电、服装家纺等产业,探索"四方协同、五链贯通、六新共建"产教融合人才培养模式,形成"培养目标与岗位、课程内容与职业标准、教学过程与工作过程、教学环境与生产环境、教学评价与企业评价"的"五对接",搭建院校教育改革、行业需求和就业要求之间的"立交桥",创建"产学研创"四位一体的国内一流数字营销产教融合实训基地。

5. 实施方案

(1)联合字节跳动、广电集团等,建设"协同育人"实训平台。与字节跳动合作共建"宁波数字营销产业学院",培养基于抖音国内国际双平台的数字营销人才;与宁波广电集团、宁波前洋直播中心三方共建"宁波直播产业学院",培养直播+短视频数字营销人才。

(2)联合方太集团、奥克斯集团等,搭建"虚实结合"实训项目。与上海深蓝科技共建"无人超市3D全息投影"虚拟仿真实训项目,与宁波美博集团共建"跨境海外仓运营"虚拟仿真实训项目;与苏宁易购集团共建"家电卖场数字化营销实训室";与奥克斯集团共建"空调产业数据分析实训室";与方太集团共建"厨具产业客户数字画像实训室";与博洋集团共建"服装家纺短视频营销实训室";与宁波小吉共建"潮牌家电直播营销实训室"。

(3)联合宁波7号梦工场,搭建"创新创业"实践中心。打通"创客—创业苗圃—大学生创业—孵化器—加速器—产业园"的全方位创新创业服务生态链,构建了"园区+基层+高校+企业"全域孵化链,建立了"培训辅导+政策优化+金融扶持+业务辅导"的服务链,形成了"热带雨林式"的创新创业服务新体系。

(4)联合宁波物联网协会、搭建"技术技能"创新平台。共建"宁波数字物联技术研究院",下设数字战略管理、数据深度分析、产品研发、物联网技术、数字化运营以及数字营销等研究所,通过联合研发、专利申请和成果转化,全力打造区域产教融合实训中心、技术推广与科技研发服务中心、技能认证与社会培训中心,助力宁波市重点产业发展。

6. 预期成效及绩效目标

本项目预期目标:

硬件建设标准:扩建校内校外实训基地,建设完成实训基地面积达到5000平方米,总工位数达到1200人,满足3000人常规教学需求。建设2个产业学院、2个虚拟仿真实训室、10个产教融合实训室、10个直播间。建设实训室信息化改造,建设、完善基地"资源+平台+管理"信息化建设方案。

软件建设标准:加强创新创业人才培养,建设完成相关专业毕业生跟踪调查就业率位居全省前列。加快双师队伍建设,改善"双师"结构,双师比例达到80%。校企共建双元制在线课程10门,教材4本。加强现代学徒制队伍建设,建设完成600人次现代学徒制学员。

社会服务能力建设标准:建设完成基地社会培训职能,年培训人数达到8000人次,年技能鉴定600人次,年社会服务到款120万,申报专利4项。

经过建设,将数字经济产教融合实训基地打造成为全省前列的产教融合示范基地,争取申报成功国家级实训基地。

标类型	指标名称	绩效目标	绩效标准 优	良	中	差
成效指标	实训基地面积	5000 ㎡	优			
	实习工位(个)	1200 个	优			
	虚拟仿真项目	2 个	优			
	直播实训室(间)	10 间	优			
	校外实践基地	10 个	优			
	产业学院(企业学院)	2 个	优			
	现代学徒制人数	600 人	优			
	常规教学人数	3000 人	优			
	年培训人数	8000 人	优			
	年技能鉴定	600 人	优			
	年社会服务到款	120 万	优			
	双元制在线课程	10 门	优			
	双元制教材	4 本	优			
	专利申请	4 项	优			

7. 经费预算及使用规划

序号	建设内容	投入经费(万元)	完成时间
1	数字营销产业学院	120	2023
2	宁波直播产业学院	80	2022
3	宁波数字物联技术研究院	50	2023
4	跨境海外仓运营虚拟仿真	40	2022

续表

序号	建设内容	投入经费(万元)	完成时间
5	无人超市3D全息投影虚拟仿真	110	2023
6	家电卖场数字化营销实训室	60	2023
7	空调产业数据分析实训室	70	2022
8	厨具产业客户数字画像实训室	60	2023
9	服装家纺短视频营销实训室	50	2023
10	潮牌家电直播营销实训室	30	2023
	合计	670	

第二节 产教融合"双师型"队伍

一、"双师型"教师的内涵

就字面上理解,"双师型"教师就是具有两种以上培养人才能力资质的老师。其中教师是其首要的身份,是主体,其他的身份都是依附于这个身份之上的,强调的是教师的"一专多能"。不是从事教学工作的人员,即使具有多重的"师傅"身份也不能称作"双师型"。如果在传统的"教师"身份之外,还具备工程类、财会类、司法类等方面并经过正规机构认定的专业职称或等级证书,都属于"双师型"教师的范畴。有的地方把具有基础教育教师职称或具有企业、行业和行政管理经历的教师也称为"双师型"教师。

在国内的相关研究中,对"双师型"教师的认定还没有统一公认的标准。一种观点认为应当以获得证书为依据,在取得教师资格证的基础上另外再获得经正规机构认定的专业技术等级证书,就可以称为"双师型"教师。另外一种观点则认为,应当以具备的能力为依据,既具备理论教学的能力,又具备实践课教学和指导学生实践的能力,就是"双师型"教师。还有一种观点认为,单凭证书或单凭能力都难以认定为"双师型"教师,因为很多证书并不能证明获得者具有相应的能力,更无法证明他有相关的实践经验和实际操作技能。至于说是否具备某种指导学生实践的能力,没有相关的专业等级证书也很难确定。这种观点认为,"双师型"教师的认定,既要看证书,也要看能力,除具备高校教师资格证和相应的教学能力外,还要具备非教学系列的专业技术证书以及相应的资历和能力。虽然目前国内还没有完善的"双师型"教师的内涵界定和执行标准,但对"双师型"教师应当具备的基本素质还是有很充分的论述,归纳起来,"双师型"教师除具备高校教师的一般专业素养外,还应当具备以下几种素养:

(一)行业专业素养

看一个人是不是行家,并不只是看他是否掌握了这一行的几项技能。一个会做家具的人并不一定是这一行的行家,一个熟练的车工也不一定能成为行家。行家的内涵比掌握一项技能要丰富得多。"双师型"教师应当是某方面的行家,具有较为深厚的专业素养。一是具有丰富的职业、行业基本理论知识,了解本行业的历史沿革和发展现状,对行业的前沿技术和发展前景有深刻的认识,熟悉本行业的政策法规,在必要的时候能提出有价值的意见和建议。二是对企业、行业文化有较深入的研究,能准确把握本行业文化的实质与核心,善于利用行业和企业文化凝练行业、企业精神,用文化元素推进企业管理和行业发展。三是具有相应的管理协调能力,能进行有效地沟通、协调和组织管理,整合相关资源,调动各方面的积极因素,激活创新和发展潜力,化解企业生产和营销过程中的各种矛盾和消极因素。四是具有较强的专业实践能力,熟悉行业的生产工艺和操作技能,熟悉企业的生产环节和销售流程,能有序组织企业按章程和计划开展业务,在行业或企业出现不景气的情况时能够提出科学有效的应对之策。虽然在目前的教师成长机制下,很难有职业院校的教师达到这样高的行业专业素养,但作为"双师型"教师的认定标准和发展目标,从培养高素质应用型人才的需要来看,高质量的行业专业素养还是值得每一名"双师型"教师做出不懈努力的。

（二）行业道德素养

在中国传统社会里，每一行都有不同的行规，这种行规包含与本行业相适应的道德约束。养成自觉遵守行业规定的习惯，就是行业道德素养。在新社会特别是改革开放的新形势下，很多行业的界线被打破，一些过时的行规被废除。但是行业道德素养依然存在，也有其内在的合理性。"双师型"教师不仅应当具备行业的职业素养，还应当拥有相应的行业道德素养，这种素养对培养学生的社会公德和社会适应能力至关重要。当下的行业职业道德可分为两大类：一类是各行业约定俗成的公约和规矩。这类规矩有的是显性的，对行业之外的人也是公开的；有的是隐性的，只在行业内部流传而不足为外人道的，特别在一些传承性比较明显的手工行业，比较讲究行业规矩，包括尊重师傅，关键工艺的保密，一些秘而不宣的仪式等。另一类则是各行业都普遍适用的职业道德，如不能恃强凌弱，不能欺男霸女；要讲诚信，不以次充好，以假充真；要积善行德，用余钱做一些铺路架桥的善事，回报社会，不能为富不仁；要同情弱者，关心弱势群体，接济和帮助那些遇到不幸和困难的人。行业道德并不是一成不变的，特别是在市场经济背景下，追求利益最大化的动机使很多规范行业行为的道德原则被遗弃，行业道德总体水平呈下滑态势，但作为以教书育人为目标的教师，不仅应当了解和尊重各种优秀的行业道德，还应当把行业道德内化为个人修养，用言传身教影响学生。

（三）市场经济素养

企业和行业，大多数都是市场经济的主体，没有市场经济素养的人是办不好企业的。同样，没有市场经济素养的教师也是培养不出优秀的应用型人才的，因此"双师型"教师应当具备较高的市场经济素养。市场经济素养的内容比较复杂，其中特别重要的有几点：第一，依法经营意识。市场经济是法制经济，市场主体需要遵守相关的法律法规，依法经营，依法纳税，自觉维护消费者的合法权益，才能保证市场的充分发育和正常运转。第二，错位发展意识。市场经济是竞争性经济，跟在别人后面去发展永远形不成竞争优势,只有找准市场空当,发展人无我有、人有我优、人优我特的路子,才能在市场竞争中占得一席之位。独到的市场眼光往往比拥有其他市场要素更重要。第三,合作共赢意识。市场经济是合作经济,通过合作可以达到扬长避短、整合资源、做大优势之效果。市场主体的合作需要双方有坦荡的态度、互利的胸怀、协商的诚意等。第四,资源配置能力。能够盘活存量,扩大增量,激活市场要素的能量,聚集各个方面的资源,使包括人力资源在内的各种资源得到合理而充分的利用。通过知与行、智与技的综合运用实现资源的优化配置。第五,市场营销能力。产品只有通过市场销售才能成为商品,才能产生剩余价值。市场营销能力是市场经济素养最重要的内涵,囊括从产品设计、生产、包装、宣传到售后服务等环节,其中任何一个环节出现了背离市场经济规律的现象,都会对企业和行业带来严重甚至致命的后果。从总体上说,目前职业院校对"双师型"教师的认定标准还停留在掌握一两项技能的层面上,"双师型"被简化为"老师""技师",对与企业行业相关的职业素养还没有引起重视。这种结构的"双师型"教师很难培养出优秀的应用型人才。其实,一名学生具有良好的综合素养比他掌握一两门实用技能重要得多,技能可以在较短的时间内通过教学和实训来获得,而良好的企业和行业素养往往需要身临其境的熏陶和磨炼。如果职业院校的教师能够在学校里给学生传达一些相关的信息,引导和指导学生加强企业和行业素养,再辅之以现场的时间相对较长的实践锻炼,就能让学生在进入企业和行业后少走弯路,少遇挫折。

二、"双师型"教师在职业院校转型发展中的意义

如果说教师是教育的根本,那么"双师型"教师则是职业院校赖以生存和发展的命脉。"双师型"教师队伍的数量与质量如何,直接决定职业院校的办学质量和发展前途,直接决定转型发展的成功与失败。

（一）从学校人才培养目标的转型来看，"双师型"教师队伍建设是培养应用型人才的需要

国家确定职业院校以培养应用型人才为主要目标，这是全国高等教育布局的科学调整，是与国家经济社会发展战略调整相适应的。对职业院校来说，人才培养目标由学术型向应用型转轨，既是机遇，更是挑战。能不能将机遇转化成优势，将挑战转化为发展动力，最终取决于"双师型"教师队伍建设。

第一，"双师型"教师是培养应用型人才的先决条件。有什么样的教师就会培养出什么样的学生，只有具备实践应用能力的教师才能培养出应用型的学生。在现行高等教育体制机制下，高校学生接受的教育主要在学校，教师是培养和塑造学生的主导力量，学生的实习实训活动更多的是体验而不是增长知识和能力，聘请行业专家来校给学生讲座只能起到"拾遗补阙"的作用，真正系统地循序渐进地传授学生专业知识和实践能力的还是学校的教师，其他任何力量和方式都无法取代教师的地位和作用。职业院校要实现人才培养目标的转型，建设一支健全的"双师型"教师队伍是最根本最迫切的任务。

第二，"双师型"教师队伍的素质决定应用型人才的质量。职业院校培养出什么样的应用型人才，是真应用型还是假应用型人才，并不是学校说了算，而要看毕业生的就业率和就业之后的待遇。社会需要高素质的应用型人才，高素质应用型人才的培养需要高素质的"双师型"教师。学生的专业知识扎实与否，学生的实践操作能力强弱如何，相关的职业修养和市场经济素养如何，在很大程度上取决于"双师型"教师的基本素质。有名无实的"双师型"教师只能培养出有名无实的应用型人才。职业院校不仅要保证"双师型"教师队伍的数量，更要保证"双师型"教师的质量。

第三，"双师型"教师队伍的结构决定应用型人才的适应能力。应用型人才既强调专业化，也强调复合型，即具有较广泛的专业知识和应用能力。在各种知识交叉融合越来越快的当下，具有复合型知识和能力的应用型人才，不仅就业的适应性更强，而且创业创新的思路更宽更

多，复合型是高质量应用型人才的重要特点。这种复合型应用人才的培养受"双师型"教师的专业和能力结构的影响。职业院校应当根据社会对人才需求的特点，调整专业设置，培养和引进相关专业的"双师型"教师，完善"双师型"教师的专业结构，为培养复合型应用人才奠定厚实的师资基础。

（二）从学校服务对象的转型来看，"双师型"教师队伍建设是服务地方经济社会发展的需要

职业院校在人才培养目标转型的同时，也有一个服务面向转型的问题。过去职业院校的服务方向是模糊的、多向的，现在国家明确要求职业院校的服务面向要转到当地经济社会发展和文化建设上来。这种服务更多的是专业技术和专业能力的服务，而不是抽象的理论和学术性服务。能够承担这种服务的主力也是"双师型"教师。从大的方面讲，职业院校服务地方主要在三个方面，其中任何一个方面都需要"双师型"教师担任。

第一，服务地方产业建设需要"双师型"教师。产业建设是地方经济社会发展的基础，也最需要地方高校给予人才和技术支持。改善生产工艺，解决技术难题，优化产业布局等，都是地方与高校的服务对接点。职业院校要达成这种服务，需要一大批懂专业技术、有实践指导能力的"双师型"教师，纯学术型教师难以在具体技术服务中发挥作用。

第二，服务地方区域经济和社会发展需要"双师型"教师。当地政府在进行区域经济和社会事业发展的顶层设计中需要进行多方面多角度的思考和论证，需要采集方方面面的合理化建议。地方高校在这方面具有相对独特的优势，一是人才优势，二是专业优势。相对而言，职业院校的教师既有比较开阔的专业视野，也能够不囿于地方政府原有的成见，在发展思路和措施上提出有价值的意见和建议。已经有一些地方高校建立了专门为当地区域经济和社会发展出谋划策的"智库"，能够入选"智库"并真正发挥作用的也是"双师型"教师。那些对区域经济发展、社会综合管理、城镇规划布局、城乡统筹发展等方面有深入研究的教师最受地方政府的欢迎。

第三，服务地方文化建设需要"双师型"教师。在地方经济建设风生水起的同时，地方文化建设也渐渐被提上重要议事日程。职业院校所在的行政区划内，很多富有特色的传统文化和地方文化有待挖掘整理和开发利用。相对而言，地方政府能够对地方传统文化进行深度发掘整理利用的专业人士并不多，亟须高等院校的积极参与。这是职业院校可以大有作为的服务领域，更好地发挥面向当地、服务地方的作用，在服务中达到保护和传承民族和地方文化、丰富当地发展的内涵和品质、活跃群众文化生活的目的，同时还可以做大做优职业院校的特色学科和专业，提高高校和地方的知名度。这种合作共赢的服务最终还是需要一支优秀的"双师型"教师队伍。综合管理、城镇规划布局、城乡统筹发展等方面有深入研究的教师最受地方政府的欢迎。

（三）从学校自身发展道路的转型来看，"双师型"教师队伍建设是保障职业院校特色发展的需要

职业院校自身也将从过去以外延发展为主转到以内涵发展为主的轨道上来，这种内涵发展应符合国家提出的高校"双一流"建设目标。职业院校要建设成为世界一流的高校，必须建设世界一流的学科，一流学科的建设又离不开一流"双师型"教师队伍的建设。

首先，职业院校的一流学科只能在"应用"两字上做文章，在学术理论上争创一流学科的可能性微乎其微，这是由其特点所决定的。而在应用型学科建设上，职业院校具备贴近地方、贴近实践的优势，通过与当地经济社会和文化建设相结合，在生产建设第一线不断探索创新，完全有可能创造人无我有的专业和学科优势，进而创建在国内外有影响的一流应用型专业和学科。

其次，职业院校的一流学科只能在"特色"两字上做文章。这种特色不可能体现在某种重大前沿科学理论的发现上，只能体现在与地方的紧密融合上，因为区域经济布局的差异性决定了不同本科院校所在地的经济和产业结构的独特性，不同地区的文化和民俗也有各自的特点，只要坚持服务当地经济社会文化发展的方向不动摇，其专业和学科特色就会不期而至，就能够通过持续不断的积累，构成职业院校明显的办学特

色,形成一批特色专业和特色学科。

无论创建应用学科还是创建特色学科,都需要职业院校与当地经济社会文化实现精准和深度的融合,而实现这种融合的真正力量就是"双师型"教师队伍。这支队伍的素质越高,能力越强,校地合作的领域就会更宽广,联系就会更紧密,效果就会更明显,创建一流应用和特色学科的概率就会更大,学校的内涵发展就会更加持久辉煌。

三、职业院校"双师型"教师队伍的现状与困境

尽管"双师型"教师队伍建设关乎学校的前途和命运,事实上职业院校"双师型"教师队伍总的情况是基础薄弱、发展缓慢,需要解决的问题和困难很多,具体有以下几个方面:

(一)"双师型"教师总量少,比例低

绝大多数职业院校真正的"双师型"教师人数并不多,占专任教师的比重低。我国的职业院校"双师型"教师占专任教师的比重都在10%上下,与国家要求职业院校"双师型"教师应占30%以上的比例相差甚远。问题还在于数量稀缺的"双师型"教师都集中在少数几个学科和专业,很多专业基本上没有双师型教师。

一是工科专业的"双师型"教师多一些,文科专业特别是文化方面的"双师型"教师少。工科专业本身比较注重培养学生的实践动手能力,不少学生在毕业之前就考取了与专业相关的技能证书,经过实习实践后能掌握一定技能,留校后通过进修培训就是"双师型"教师。同时,这些专业与企业联系比较紧密,通过企业培训"双师型"教师或直接从企业引进专业人才到学校任教都比较方便;而文科专业的课程比较抽象,缺乏实际操作特色,更缺乏培训锻炼的平台,在专业评价上也缺少统一公认的行业认定标准,因此在文化产业开发、文化策划、文化资源利用方面几乎没有"双师型"教师。

二是市场上吃香专业的"双师型"教师少,而相对过剩专业的"双师型"教师多。金融、软件开发、建筑设计等方面的人才都是市场的"抢

手货",不仅很难从外面引进人才来担任专业教师,而且学校已经培养成长的"双师型"人才也经常被企业高薪挖走。而一些市场人才需求相对饱和的专业"双师型"教师比较丰裕。这种状况一定程度上制约了职业院校对接市场需要设置专业的努力。

三是行政管理方面的"双师型"教师比较少,财会管理方面的"双师型"教师相对比较多。具有机关行政单位管理经历的人才,特别是具有一定行政职务的负责人很少愿意到职业院校来当教师,有些省市想打通高校与地方党委政府干部交流的通道,结果高校去地方任职的积极性远远高于地方干部来高校任职的积极性,相反高校里那些有管理能力的教师却总想着法子通过考公务员等途径转岗到行政机关。而其他类型的管理人员因为可以通过自学考试而获得资质,加之社会上具有这类管理资质的人员比较多,职业院校中他们所占的比例要高得多。需要说明的是,这里所表述的"三多三少"都是相对而言的,都没有改变"双师型"教师严重不足的状况。

(二)"双师型"教师证书多,作用少

在职业院校现有的"双师型"教师中,也存在有其名无其实的现象。一种是有证书无经历。现行制度下很多证书都是可以通过考试获得的,财会、律师、建筑等行业都有这种渠道。这种考试只考知识点,并不考查考生的实践能力,也不要求有相应的实践经历和行业工作背景,因此有的教师一个人就有好几种这类证书,但是拥有这类证书并不代表具备在实践教学中指导学生的本领。另一种是有经历无能力。虽然有些教师有过相应的行业工作背景和实际经历,但要么时间过短,没有积累足够的经验和技能;要么间隔太久,原来所了解和掌握的专业知识和技能早已过时或生疏;要么曾经任职或工作的单位或行业规模小,层次低,科技含量不高,个人专业素养和能力没有实质性提高。还有一种情况就是有能力不对岗。有些教师获得了相关的行业证书,也有过在企业行业工作的背景,实践能力也不弱,但其专业能力与其从事的教学内容不对应,不能达到专业技能和教学内容的有机融合。产生这种现象的原因也比较复杂,既有利益方面的考虑,如不同专业教学的效益不一样,有

的老师宁愿选择没有行业证书但效益好的专业去任教；也有专业调整的结果，有的专业因客观原因逐渐萎缩，部分教师被调整到其他相关专业，其行业资质失去了效用。凡此种种，都不能成为名副其实的"双师型"教师。

(三) 建设"双师型"教师队伍的制度、机制不完善

可以说，职业院校的双师型教师队伍建设还处于起步阶段，相关的制度、机制还很不健全，工作还没有走上正轨。

一是"双师型"教师的认定制度不健全。"双师型"教师应当具备什么条件，是重证书还是重能力，或者二者兼顾，都没有一个统一的标准。哪些机构颁发的行业证书才能认可；有了证书之后需要多长时间的实践阅历才算具备相应的资质；有什么资质的企业、行业背景才能承认其从业资历等，都是一些值得认真商榷和解决的问题，都应当有相对完善的制度规定。要防止为提高职业院校的"双师型"教师比例而降低认定的门槛。

二是"双师型"教师的培养机制不健全。很多学校对哪些专业要培养"双师型"教师，什么年龄段的教师要进行非教育专业的培训，招聘进来的年轻教师需不需要先去企业和行业锻炼后才能上岗教学，这些都没有确定下来。教师去企业和行业挂职锻炼的经济待遇如何确定，对职称评定有何优惠，通过什么措施调动教师参加企业和行业培训的积极性，教师在企业或行业实习锻炼的效果如何评价，所有这些问题都是职业院校无法绕开的，任何一个问题解决不好，都会影响"双师型"教师队伍建设。

三是"双师型"教师的引进机制不健全。职业院校的"双师型"教师队伍建设需要培养与引进并举，引进一些学科建设急需的应用型教师，能迅速缓解实践教学师资不足的矛盾。但在实际工作中，引进应用型教师也存在许多不确定因素。在引进方式上有全职、兼职、特聘等，不同方式之间的待遇如何保持相对的公平合理，不同行业之间的兼职或特聘教师的待遇如何确定，没有一套科学的机制。在引进对象上有管理型、技术型、操作型，他们之间的等级如何确定，需不需要形成对应关

系,如企业的高管如何确定他的职级待遇,有些获得过国家级大奖却没有相应专业技术职称的人才,引进之后其待遇如何确定。这些非常具体的问题既需要完善的制度规定,也需要灵活的处理机制。职业院校相关制度机制的建设往往滞后于实际工作需要。

(四)培养"双师型"教师的实践平台少,档次低

很多职业院校所在地区的工业化水平偏低,生产型企业数量少,规模小,工艺比较落后,产品的科技含量比较低,不少还是家族式的手工业作坊。选送教师到当地企业实习锻炼,不能接触行业的先进技术和管理理念,效果十分有限。有些学科专业将教师送到省外的大型企业挂职锻炼,虽然可以起到培训老师的作用,但副作用也很明显,不仅培训成本增加,而且脱离了职业院校为当地经济社会建设服务的宗旨,老师掌握了一些先进的理念和技术,也很难在当地有用武之地。同时,受眼界和抱负的局限,多数地方企业和行业负责人抱着小富即安的心态,加之职业院校的一些专业设置与地方产业发展脱节比较严重,学校教师对地方企业行业的技术支持和专业指导有限,他们既不愿意与地方高校开展技术合作,也不愿意接纳教师去实习锻炼,经常找出各种理由拒绝前来协商的学校部门负责人。地方政府在校企合作中的主导作用也没有充分发挥,缺少引导和激励当地企业开展校企合作的政策机制,不少校企合作都流于形式。这些现象使职业院校的"双师型"教师培养培训深陷困境。

四、"双师型"教师队伍建设的途径

职业院校加强"双师型"教师队伍建设任重而道远。采取什么措施,选择什么路径,达到什么目标,都需要结合本校实际,听取各方意见,经过科学论证,做出正确抉择。在校级层面上,一是统一思想认识,使全校上下明白加强"双师型"教师队伍建设的重要性和紧迫性,形成上下一心、齐抓共管的工作合力。二是做好顶层设计和建设方案,明确"双师型"教师队伍建设必须以提高教师实践教学和应用能力为重点,以强化

学生实践能力和创新精神培养为宗旨,以促进学生就业创业为导向,不断提升教师队伍综合素质;明确"双师型"教师队伍建设的近期和中长期目标,用目标凝聚人心、汇聚力量。三是制定相关的制度、机制,根据需要建立一系列相互衔接、相互补充、相互促进的管用的规章制度,用制度保障工作的正常运行。在学校的中级层面上,主要是根据学科和专业建设实际,制订"双师型"教师培养计划,动员教师参与相关的职业技能培训,认真贯彻落实学校的工作部署,对实际工作中出现的矛盾、问题提出解决的意见和建议,供学校决策参考。在教职员工层面,主要是认清职业院校转型发展的新形势、新任务,解放思想,更新观念,抛弃落后的教育理念,积极响应学校的号召,主动参加各种学习培训活动,努力提升实践教学能力和实际动手能力,用实际行动推进"双师型"教师队伍建设。只有学校各级领导、各个部门和所有教职员工都行动起来,营造健康向上的良好氛围,形成强大的推进合力,才能促进"双师型"教师队伍建设顺利进行。在建设"双师型"教师队伍过程中,应当注意做到四个"坚持"。

(一)坚持培训与引进并重,以培训为主

职业院校的"双师型"教师队伍建设,要坚持两手抓。一手是大力抓培训。通过系统培训使学校现有大多数教师掌握一至两门专业实用技能,建设一支能力突出、结构合理的地方"双师型"教师队伍,打牢学校转型发展的师资基础。一是加强教师实践(挂职锻炼)基地建设,学校与合作单位签订培养协议,建立长期产学研合作关系。每个教学学院均有相对稳定的校外教师实践培训基地或教师实践能力培养合作共建单位。每年都有计划地选派教师到实践基地进行实践操作、实践教学、技术指导、技能培训等工作,将课堂、实验室、技能培训延伸到企业和行业。二是建立教师培训上岗机制。年龄在45岁以下的应用性专业的教师分期分批参加实习培训,培训之后达不到相应技能资质的教师不再上讲台教书,并相应扣减绩效工资。对拒不参加培训的教师,除扣减绩效工资外,还应取消其评先评优和晋职晋级的资格。凡是没有企业行业工作经验的新进教师先参加培训,取得合格证书后才能给学生上课。三是

建立教师培训激励机制。对通过培训获得职业技能证书的教师,给予一次性现金奖励,并解决培训期间的交通住宿费用和差旅补助,奖励性绩效享受学校教师的同等待遇,在职称评定和评先评优时给予倾斜照顾。

一手是适度抓引进。对实践教学急需的学校一时难以培养的"双师型"教师,可以通过从企业、行业和机关事业单位引进人才的办法加以解决。从职业院校的实际情况看,引进"双师型"教师受经济实力和区位条件的双重限制,大量引进有真才实学的专业人才可能性不大,只能作为"双师型"教师队伍建设的补充措施。重点引进具有3年及以上企业、行业工作经历的技能型人才,考虑到他们要给学生上课,引进的人才也要有适当的学历,一般情况下应当是全日制本科以上学历。对在省级以上技能大赛中获奖的高技能人才,可适当放宽引进条件。对引进的人才当中没有课堂教学经验的,也要有计划地对他们进行教师资格培训,丰富他们的教学手段,提升他们的语言表达能力和课堂驾驭能力,使其真正成为"双师型"教师。

(二)坚持专职与兼职并重,以兼职为主

职业院校的"双师型"教师队伍应当由专职和兼职教师构成。专职教师必须是真正的"双师型"教师,既熟悉教育教学规律,能在课堂上给学生上优质的理论教学课和实践教学课,又具备教学能力之外的其他能力,能带领和指导学生搞好实习实训。专职教师是培养应用型人才的主力,对学生的全面协调发展负主要责任。兼职教师虽然也可以列入"双师型"教师范畴,但不一定要求他们具有高校教师资格证,也不一定要求他们全面掌握教育教学技能。他们的职责主要是利用丰富的行业经验对学生进行某种专业技能的培训或指导学生开展专业实习实训。单就某一项专业技能来讲,兼职教师应当比专职教师更内行更优秀,能够弥补专职教师的不足,能更好地培养学生某一方面的专业技能。从这个意义上专兼职教师形成了良好的互补关系。专职教师选素质,少而精,兼职教师选特色,多而广。而且,兼职教师针对性强,聘用灵活方便,不像引进专职教师那样要求全面,对学校编制和费用的负担都相对较轻,这是职业院校培养应用型人才的最佳选择。从"双师型"教师的结构看,兼职教师的比例应高于专职教师。职业院校要积极与企业、行业建立良好的合作关系，建立兼职教师队伍人才资源库，广泛吸纳各行各业的优秀人才入库，聘请有实践经验的企业技术骨干或行业专家来校担任兼职教师，指导教师和学生的实验实训，帮助校内教师了解行业发展动态，提高实践能力，促进科研成果转化和教师向"双师型"转化。

（三）坚持资质与能力并重，以能力为主

"双师型"教师是职业院校转型发展和培养应用型人才的需要，应当突出其实践动手能力的要求。保证"双师型"教师的实践能力，关键是把好"双师型"教师认定这个关口，以认定促提高。首先，要强调相应的资质，企业和行业的相关资质证书表明其拥有者接受过相应的理论教育，掌握了相关的专业知识。没有资质证书为依据，"双师型"教师的认定工作就会陷入无章可循、无据可依的混乱状态。同时，对这类资质证书应当进行严格审核，但凡不是由政府授权的机构颁发的证书应当视作无效证书，不予认可。其次，要强调行业的职业背景，就是有相应的实际工作经历。这种经历应当有三个方面的要求：一是时间的要求，就是近五年内在相关的企业或行业里累计工作时间不少于两年。实际工作经历的时间隔得太久其专业知识和技能有可能过时，在企业行业工作的时间太短，则无法获得相应的专业技能，更培养不出相关的职业素养。二是岗位的要求，原则上应当是证岗相符，在企业行业里的工作岗位应当与资质证书相对应，是管理类的应当有管理岗位的工作经历而不是专业技术岗位的工作经历；相反，如果资质证书是专技类的则应当有在企业一线从事本专业相关的专业技术工作的经历。三是成果的要求，在"双师型"教师认定过程中，应当适度参考其在企业行业工作期间的业绩和成果，成果突出的应当优先认定。在近五年主持并完成两项市级及以上应用技术研究，成果已被企业或行业采用并达到同行业先进水平的，可适当放宽在企业行业的累计工作年限，甚至不需要相关的资质证书。四是要强调资质与经历相匹配，在"双师型"教师认定时，资质证书应当与所从事的企业行业的经历相一致，不能笼而统之地只看其有无一线工作经历而不看是否匹配，以保证"双师型"教师队伍的质量。

(四)坚持合作与共享并重,以共享为主

职业院校的"双师型"教师队伍建设不可能在校园内完成,必须与企业、行业和政府建立广泛的合作共享关系,借助校外资源和平台实现自身的目标。首先是加强合作。职业院校与地方合作培养"双师型"教师大致有四种方式:一是与企业行业建立合作教育基地,形成产学互动关系,基地既是学校教师实习实践的平台,也是企业员工专业理论和技能培训的场所。二是与企业行业建立合作机制,由政府部门牵头,建立双方稳固顺畅的合作关系,并督促相关协定协议的执行。三是与企业行业合作开发课程,充分利用企业行业的市场、技术和人力资源优势对接地方产业发展开设新课程,筹建新专业。四是与企业行业开展课题合作,从当地经济社会发展过程中遇到的技术难题和瓶颈问题中生成科研课题,"发挥职业院校的优势,整合各相关企业的力量,开展重大技术创新研究,以重点技术的突破引领学科专业的创新与升级"。[①] 这四种方式对"双师型"教师的培养具有重要意义。其次是坚持共享。共享不仅是国家层面的发展理念,也是促进学校与企业、行业和政府机构合作,加快"双师型"教师队伍建设的保证。共享主要在三个方面:一是技术共享,除专利技术外,学校和企业行业都应当彼此分享对方的学术和技术,学校教师要运用自己的专业知识帮助企业解决技术难题,企业也应当把先进的生产工艺和核心技术展示给教师。二是设施共享,学校对企业行业开放科技平台资源,包括实验室和各种实验、分析、检测仪器设备,企业和行业也应该向高校教师开放机器设备和操作流程,以提高教师实践能力。三是成果共享,学校和地方政府要不断完善科技成果的转化机制,不断提升企业的产品质量和经济效益;企业也应主动向学校教师通报技术攻关和工艺创新的成果,丰富教师的知识储备和实践技能。良好的校企、校行、校政合作关系,是职业院校培养"双师型"教师的最重要的基础。

---

① 郑山明:《地方本科院校教师队伍建设研究》,光明日报出版社,2018,第68页。

五、双师型教师队伍发展案例——宁波市"双师型"教师建设

(一)合作企业情况

宁波(国际)电子商务产业园位于海曙区,总建筑面积69748.5平方米,先后获评国家电商示范基地、省5A级电商产业基地、省级优秀众创空间、市级侨联侨界创新创业基地等十余项市级以上荣誉。园区以数字经济赋能主导"跨境电商+数字应用"为示范引领,以"平台共享、跨界融合"为发展路径,从贸易渠道畅通和数字技术应用两个维度着手提升企业数字化改革升级。

(二)项目实施基础

学校与宁波(国际)电子商务产业园签署《宁波数字经济产业园合作协议》,成立学校双师型教师实践基地,聘请园区相关企业担任双师能力培养专家委员会委员。

学校数字商务双高专业群与产业园小吉科技、综讯数码、博洋家纺、笨鸟网络、国医堂等优质企业强强联合,共建电子商务、直播短视频、跨境电商和新零售等一批专业特色鲜明的教师企业工作站。联合小吉科技立项校级技能大师工作室、联合综讯数码立项校级双师教师实践基地,近三年共计接受挂职锻炼教师50余人次,园区企业相关人员担任学校客座教授、专业顾问和兼职教师30余人次,园区企业每年投入近50万元支持开展各类合作项目。

学校与园区的合作也孵化了一批产教融合教学成果,获批浙江省高职院校产教联盟、浙江省高职院校实训实习基地,浙江省教学成果二等奖。

■ 园校全面战略合作	《宁波数字经济产业园合作协议》
■ 双师型教师实践基地	近三年累计完成教师挂职锻炼教师50人次
■ 双师培养专家委员会	每年邀请10位园区相关企业担任
■ 现代学徒制基地	近三年累计输送230人次现代学徒制学生
■ 客座教授 专业顾问	近三年累计邀请园区各类专家30余人次

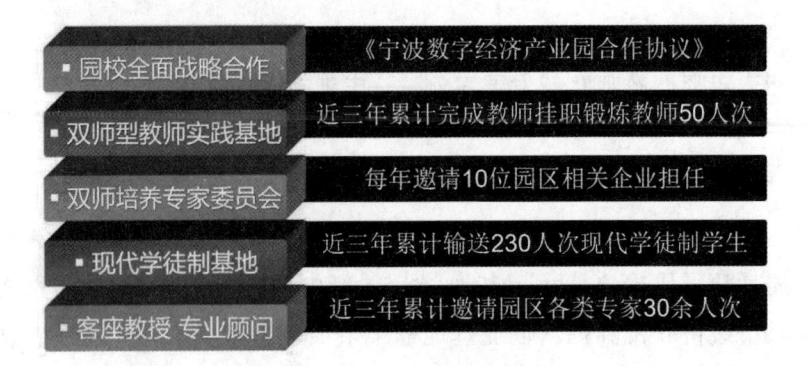

图 5-2 产教融合教学成果

（三）目标规划、建设内容与预期效果

1. 目标规划

学校与产业园共建科学规范、全国可借鉴的双师双能型教师实践基地，用 2-3 年时间，建设一支教育理念先进、结构合理、规模适当，适应专业群建设和发展，职业技能过硬、专兼职结合的"双师型"数字商务领域专业教学创新团队。

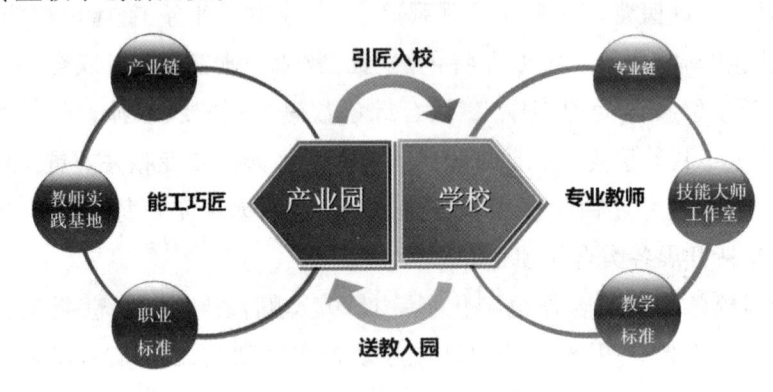

图 5-3 园校融合双师培养模式

2. 建设内容

（1）制定高水平双师标准。积极开展标准的研究工作，通过研究和实践开发出具有高水平学校和专业群特征的双师型专业带头人标准、骨干教师标准、技能大师标准和兼职教师标准等,将企业的新技术、新工艺、新规范的掌握和运用纳入标准建设,使双师队伍建设做到目标明确、标准可依、规范可循。

（2）搭建三师资源库。园校企三方协同共建"教师、技师、培训师"三师资源库,根据教师专长划分资源库子模块,整合师资力量,实现教师跨区域承担授课项目,增加教师校企交流深度,提升教师团队协作能力。

（3）创建数字商务领域技术应用平台。依托园区小吉科技、综讯数码、博洋家纺等企业,联合创建数字直播、数字客服、数字营销等数字商务领域技术应用平台,协助或承担企业技术改造和产品转型升级等应用技术研发项目,提升教师科研生产能力。

（4）建设职业技能培训中心。发挥学校浙江省职业技能认定机构优势,建设电子商务师、网络营销师、跨境电商师等职业技能线上线下职业技能培训中心,实现教师职业技术培训等能力的共同提升。

（5）强化技能大师工作室平台建设。联合人力资源和社会保障部、总工会等部门建设传承绝技绝艺绝活的技能大师工作室,创新技术技能平台和大师培养机制,培养一批品德高尚、技艺精湛的技术技能大师。

图 5-4　园校融合双师培养主要工作任务

3. 预期成效

表 5-1　项目建设预期成效表

建设内容与预期成效	2022 年	2023 年	2024 年
制定数字商务领域双师标准	制定完成数字商务专业群、专业带头人、骨干教师的双师认定标准各 1 项	制定完成兼职教师的双师认定标准 1 项	制定完成技能大师的双师认定标准 1 项
建设数字商务领域双师型教师实践基地	申报 3 个专业教师实践基地,1 个校级教师实践基地	申报 2 个校级教师实践基地,1 个市级教师实践基地	申报 1 个省级教师实践基地
建设数字商务领域技术应用平台	建设 1 个小吉科技数字直播技术服务平台	建设 1 个综讯数码数字客服技术服务平台	建设 1 个博洋家纺数字营销技术服务平台
建设技能大师工作室	立项 2 个市级技能大师工作室	申报 1 个市级技能大师工作室	申报 1 个省级技能大师工作室
建设职业技能培训中心	建设 1 个电子商务师职业技能培训中心	建设 1 个网络营销师职业技能培训中心	建设 1 个跨境电商师职业技能培训中心
建设三师资源库	建设完成三师资源库教师 50 人	建设完成三师资源库技师 50 人	建设完成三师资源库培训师 50 人
建设校企合作双元制教材	建设 2 本双元制教材	建设 3 本双元制教材	建设 5 本双元制教材
提升数字商务专业群专业教师双师比例	达到 75%	达到 85%	达到 90%
建设数字商务领域双师兼职教师	10 人次	15 人次	20 人次

（四）经费支持及使用计划

本项目总预算经费 122 万元,计划 2022、2023、2024 年分别投入 41 万元、39 万元、42 万元;申请浙江省财政经费 44 万元、行业企业投入 39 万元、学校投入 39 万元,具体年度分项预算见表 5-2。

表 5-2　项目经费支持及使用计划表

建设项目		资金总预算及来源(万元)									总计
		省财政支持			行业企业投入			学校自筹			
		2022	2023	2024	2022	2023	2024	2022	2023	2024	
双师队伍培养	培训	3	2	2	1	1	1	2	2	2	16
	技能鉴定	3	2	2	1	1	1	2	2	2	16
	挂职锻炼	2	2	2	1	1	1	2	2	2	15
双师平台建设	双师基地	2	2	2	4	4	4	2	2	2	24
	大师工作室	2	2	4	3	3	3	2	2	2	21
产学研建设	双元制教材	2	2	3	1	1	1	2	2	2	16
	三师资源库	1	1	1	2	2	2	1	1	1	12
小　计		15	13	16	13	13	13	13	13	13	122
合　计			44			39			39		

第三节　产教融合"双元制"课程

一、"双元制"教学的特点

(一)"双元制"的基本概念

"双元制"顾名思义就是二元,其中的一元指的是职业院校,另外一元指的是学生在职业院校中接受技术教育与文化教育,在企业接受技能培训。将二者结合起来的教育模式,就是所谓的"双元制"。

（二）"双元制"职业技术教育模式的培训特点

"双元制"这一职业技术教育模式强调对职业技能进行培训，在与实践联系的同时，注重理论知识的学习。"双元制"这一职业教育模式要求培养的学生自身在具备较强的职业技能的同时，也具有较强的适应性，最大限度地与企业的需要相契合。可见，这一模式是提升职业院校学生与企业一线员工文化素质的有效手段。归结起来，德国的"双元制"具有如下几个要点：

第一，教学主体包含企业与职业院校两类。二者并不是隶属关系，政府通过立法或者利益驱动等形式，让企业成为教学的主体地位；学校的设置与性质应该从相关的法律法规出发来进行规定。

第二，教学地点主要有两个，大部分是企业的生产现场与服务现场。在学校，他是一名学生，但是在企业之中，他是学徒或者受培训者。

第三，两个教学主体具有明确的分工。职业院校的任务在于从理论层面实施普通教育，并且课程占据40%；企业培训基于一定的条件，并且是在先进设备或者先进机器旁进行的，学徒或者受培训者可以在培训之后从事一定的技术操作，这类课程占据60%。

第四，从很大程度而言，企业培训是以生产性劳动为主，这样在一定程度上减少了费用，并且让学生的学习更具有目的性。

二、"双元制"课程的优势

（1）企业介入的办学体制，在人、财、物和专业技术上形成了有效保障。首先，在经费、设备投入和师资配备上，企业发挥主体作用。培训师傅的工资、实训所需的设备、原材料以及学习资料由企业支付。再次，企业配备高水平的培训师傅，他们不仅向学生传授专门的技能，同时还向学生讲解必要的理论知识；培训师傅具有娴熟的职业技能，社会、劳动等方面的知识非常丰富，对学生形成潜移默化的作用。

（2）学生以职业能力为本位，适应市场和企业的需要。"双元制"教学降低了理论难度,突出实践能力,以职业能力为根本目的;农村职业院校的学生文化理论水平偏低,强调职业能力的培养对学生的就业提供了根本的保证。

三、"双元制"课程的构建

双元制课程的构建可以划分为三大阶段:
第一阶段是企业帮助学校办学。
第二阶段是校企进行合作,互相帮助。
第三阶段是校企双方进行交流。

到了第三阶段,彼此之间不断进行交流与渗透。在学校与企业学习是分阶段的,一般在学校学习的时间是 2 年,在企业学习的时间是 1 年,或者在学校学习的时间是 5 个学期,学生从第六学期去企业学习。也就是说,这样的学习是先在学校后在企业。但是,渗透式的"双元制"课程则要求学生在学校学习一段时间后去企业实习,然后回到学校继续学习,最后去企业实习。这样交错的形式,有助于企业参与到办学的过程中,每一个环节,企业都能参与其中。

四、双元制课程建设案例——济南职业学院的中德—济南项目

(一)项目简介

1. 济南职业学院简介

济南职业学院一直以来在职业教育人才培养的路上力求上进,以达到高职院校人才培养的目标,在职业教育改革的大潮下不断摸索和发展,保持高职院校的示范性和独特性,教育教学的创新和改革是职业教育的发展趋势,也是学院本身得以可持续发展的根本。作为高等职业院校,济南职业学院具备职业院校的一般性,济南职业学院的学生都是通过国家规定的入学方式进入学校。作为高等职业院校,它的生存之道莫过于跟随市场经济的发展和满足社会人力资源的需求,以就业为导向,以培养一批适应社会生产的技能型专业人才为目标。与中等职业院校不同的是,高职院校的层次较高,培养的学生实践能力和社会适应能力较强。近年来,济南职业学院一直致力于高质量人才的培养,源源不断地为社会输送人才。

济南职业学院的发展一直围绕"一个中心,两个基本点",努力建立健全办学体制、管理体制和运行体制,开创多样化、具有灵活性和可开放性的办学模式,创办面向社会、面向市场经济、面向企事业单位的多功能的教育和培训机构。另外,在学生的培养规划中,把学生的基础理论知识水平的提高、职业素养的提升以及职业能力和身心健康的发展作为培养的重点,为社会培养出专业能力强、肯钻研敢吃苦的专门型技能人才。济南职业学院的毕业生质量在不断改进和发展的职业教育培养模式的变革下正在步步提升,也收到了来自社会和企业人力资源部门的认可。在过去的几年,毕业生的初次就业率达到了97%,专业对口率达到95%以上,毕业生的岗位稳定率在85%以上,用人单位的满意程度达到了100%。济南职业学院的生源质量在稳步地提升,无论是家长,还是社会对济南职业学院的办学水平以及办学声誉给予了大大的认可,济南职业学院高质量、高就业和高成才的育人成绩为济南职业学院提升了社会影响力,打造了品牌,这与职业教育的改革和创新是分不开的。

2. 济南职业学院的中德—济南项目介绍

AHK–济南中德"双元制"职业教育项目(以下简称AHK–济南项目,AHK即全球海外商会),是德国工商总会在中国的50个合作项目的示范项目之一,是德国工商大会上海代表处(以下简称AHK上海)、济南职业学院(以下简称学院)、德资企业和其他外资企业(以下简称企业)于2011年7月合作举办的职业教育项目。

学校引进德国双元教育标准进行本土化实践已经八年,合作企业发展到十二家,现已成为中国职业教育领域的领军品牌,成为济南市对德合作的城市名片,是全国构建开放型经济新体制综合试点试验案例,成为AHK德国双元制职教联盟单位副会长单位,AHK–济南中德中国北方职业培训示范推广基地,中德双元制职业教育 VETnet 合作单位,德国工商大会"最佳实践"合作院校荣誉。"中德双元制职业教育(VETnet项目)合作单位"是德国联邦教育与研究部在海外 11 地区合作项目中,首次授予此荣誉,也标志着济南职业学院在中德双元职业教育合作项目中的引领地位。

3. 济南职业学院的中德—济南项目模式概况

济南职业学院以其办学定位、专业特色以及良好的社会认可度为职业教育的发展奠定了基础,在职业教育改革和创新的道路上不断前行。2011 年,中国北方首个与德国工商大会合作办学的"双元制"职业教育培养基地在济南落成,它打破了原有的"2+1"模式,在工学交替的"4+6"培养模式中得到了发展,显现出完整化、系统化的特点,济南职业学院引进德国先进的培养理念,然后结合中国高等职业人才培养的教育大纲,参考山东市场需求与工业经济的发展,在本土化的职业教育人才培养模式中不断地变革和发展。济南职业学院以培养适应社会经济发展的应用型技能人才为目标,坚持以市场为导向,学习和借鉴德国"双元制"职业教育培养模式,在提高办学效率和办学效益的指导思想下,努力争创高等职业院校的特色品牌。

举办济南项目的宗旨是:通过"AHK 上海"引进以高质量、严要求、重实践为特色的德国"双元制"职业教育体系,为企业培养拥有德国技术能力标准的专业技术人才。济南项目层次高、技术含量高、实用性强,是济南职业学院借鉴德国"双元制"职业培训经验、提升办学质量重点打造的高职教育的高端品牌,以此引领、带动学院教育教学,达到中国一流水平,为济南乃至山东实体经济的发展做出积极贡献。参加济南项目培训的学生,经过为期 3 年的职业技术培训,并通过学院和"AHK上海"组织的双重考试,合格者由学院颁发中国认可的大专学历证书,"AHK 上海"颁发德国认可的职业岗位资格证书。"双证书"代表着学生达到了较高的学历水平和技能水平,包含着学生严谨细致的工作态度和敬业爱岗的从业精神,为学生的就业和今后发展提供了极为重要的优势条件。

（二）项目融合

德国"双元制"职业教育的内涵与济南职业学院的办学特色相结合的体现：其一，两个培训主体的建立，即学校和企业的建立，济南职业学院在AHK的牵头下先后签约9家德资企业；其二，两种教学模式的建立，即学校的基础理论知识的学习与企业实践技能知识的培训；其三，两种教材的实施，即实践教材和理论知识教材；其四，两种实施模式，即企业遵循企业高层以及工商联合会的约束，学院受中国大专教育教学大纲的要求；其五，两方教师的设置，即9家企业的技能培训师与学院的教师；其六，学院的双重身份，即学生与企业准员工身份，受到学校以及企业的双重制约和双重保护；其七，两种资格考试，即德国认证的职业资格证书考试以及中国大专毕业证书考试；其八，两种经费培训，即企业签署协议后支付委培费用给学院，职业院校学生学习的费用由学生本人承担或是财政补贴。

"双元制"职业教育的培养方式是对学生的理论知识和实践经验的培训，学生在获得专业知识的同时提升实践经验，最终成长为职业技能型人才，"双元制"职业教育培养不单纯地重视专一技能的提升，特别提倡综合能力的培养和个体的发展。例如，济南职业学院的"中德—济南"项目中，学生在进入企业后会接受全面的培训，但是最终会因为个体的差异来促进岗位的发展，根据个体的特长、爱好和发展规划合理地调控，由此促使个体适应自己的岗位。

（三）项目成果总结

1. 人才培养模式的创新深化高职院校的发展

我国的高等职业院校人才培养模式的发展在日新月异地变革着，但因为传统观念的束缚仍旧不能完全地摆脱其单一的人才培养与管理模式，虽然"英雄不问出处"的观念已经落后，但是高职院校的学生仍旧愿意通过"专升本"来实现自身价值或者将其作为自身继续深造的唯一目标，这往往就导致了升学率的降低、就业率的下降、优质的技能型人才的大量流失,所以在我国职业院校人才培养模式的现行基础之上,借鉴多元化的、多规格的教育管理和人才培养模式就变得尤为重要。教育部在《2003—2007年教育振兴行动计划》中曾经提到过,要加大高等职业教育中复合型人才培养的力度,改变单一的人才培养方式,从而满足现代科技、经济和社会的发展需求。发展我国高等职业教育就必须在传统的教育管理和教学模式的基础上进行创新和改革,从国内外先进的案例入手,取其精华、去其糟粕地发展高职教育,发展多元化的特色教育模式,全面合理并且可持续地发展独特的、能够满足时代经济和社会发展人才需求的高等职业教育,这是我国高等职业教育人才培养的发展趋势,也是迫在眉睫的改革方向,所以创新我国高等职业教育人才培养的步伐势不可当。我国处在开创中国特色社会主义事业新局面的重要时期,对职业教育的认知必须上升一个高度,真正切实有效地把高等职业教育作为经济社会发展的重要基础和教育教学的重点,因此济南市委、市政府努力将济南项目打造成为中国北方"双元制"教育和技术的培训基地,在与济南市高新区共同建立起的中德(济南)智能制造应用中心,真正地使合作迈入实质性的发展阶段,并向更高、更广的领域合作与发展,为高新区、济南市、山东省抑或全国提供高质量的技能型应用人才,济南项目以其深耕的人才培养经验和优势,充分发挥其强大的辐射作用,推动工业自动化和中国制造2025在本土的壮大和发展,同时向同类高等职业院校展现其具有本土化特色的"双元制"教育服务,为职业教育的发展增添色彩。

济南职业学院作为高等专科示范学校,不断创新和发展校企合作体制,努力加强社会服务能力,真正地实现高等职业院校的可持续发展与全面协调机制,也一定会带动一方经济的发展,大量技能型人才向市场流入也会促使大量企业的驻扎和快速转动,人力资源带动经济的发展指日可待,所以济南职业学院在人才培养的宗旨中不断探索,揣摩人才培养的要素和市场的发展需求,培养适应社会发展的专门型技术人才,不断提高技能型人才的专业素养。

2.人才培养模式的创新跟进政府和社会发展需求

随着工业经济的发展,劳动力需求也在不断变化。目前,我国的经济正处在转型过程中,需要大量的专业技术人才来承担相应的责任,为了深入贯彻落实济南市委、市政府把学院中德"双元制"教育项目"做大,做强,做精"的指示精神,推动德国工业4.0与中国制造2025的对接,促进济南"打造四个中心、建设现代泉城"城市发展总目标的实现,学院积极与AHK上海磋商,三轮会谈后,AHK确定将与合作6年的"中德—济南"项目升级为中国北方职业培训基地,这也是AHK在中国倾力打造的第二个基地,将为济南、山东乃至中国北方提供高质量的职业培训和高素质人才培养等服务。济南市政府对中德中国北方职业培训基地落户学院给予了大力支持并指出,中德中国北方职业培训基地正式落成是济南市推进中德合作的又一重要成果,基地的建立将为济南市职业教育师资培训和"双元制"职业教育提供更大的发展空间,也为济南市中外企业提供员工培训、高级管理人才的领导与管理能力、质量管理与精益生产、项目管理等高端培训。支持学院与AHK进一步扩大合作领域,深化合作内涵,不断提高中德—济南项目中国北方职业培训基地的服务能力和辐射能力,发挥学院中德合作的引领示范作用,更加有力地服务济南市乃至中国北方地区经济建设和社会发展。学院将依托AHK中德职教联盟理事单位和中德中国北方职业培训基地,大力推进济南市、山东省乃至中国北方的职业教育水平的提升,为学院向中国一流高职院校迈进助力,为迈向应用技术本科大学奠定基础。

济南高新技术产业开发区也已经与济南职业学院签署战略合作协议,高新区为学院提供财力、物力支持,学院为高新区和山东省的中外企业培养满足企业需求的高素质高技能员工,这将对企业发展和山东现代制造业提高技术水平和竞争力、促进实体经济发展产生积极而深远的影响。济南职业学院和高新区正在联手打造跨企业培训中心,利用仿真企业生产线,高质量完成企业培训工作,为不具备培训实力的企业提供服务与支持。下一步,中德—济南项目将为济南高新区智能装备制造产业提供机电一体化工、工业自动化工等职业资格认证的人才,AHK也希望政行企校能合力吸引更多中外企业加入济南项目，把它发展壮大为百年项目，共同为促进区域经济发展和企业技术升级做出应有的贡献。

  由此可见，济南职业学院在职业教育领域的引进是成功的，不仅仅树立了济南职业学院"双元制"教育的品牌，更为促进本地经济发展而输送了人才。

参考文献

[1] 克里斯托弗·福尔.1945年以来的德国教育：概览与问题[M].北京：人民教育出版社,2002.

[2] 鲍玮.高职教育实践教学体系的建设探索[M].天津：天津科学技术出版社,2017.

[3] 陈德清,涂华锦,邱远.高职校企合作体制机制改革与实践[M].北京：北京理工大学出版社,2016.

[4] 陈俊兰.职业教育现代学徒制研究[M].长沙：湖南大学出版社,2014.

[5] 陈启强.论我国高等职业教育中的校企合作[D].成都：四川师范大学,2008.

[6] 陈玉杰,李长虹.我国职业技能实训基地建设问题研究[M].北京：中国言实出版社,2017.

[7] 陈增红,杨秀终.职业教育产教融合人才培养模式研究[M].北京：中国社会科学出版社,2020.

[8] 崔炳建.河南省第三届职教专家论坛集萃：怎样推进职业教育校企合作[M].开封：河南大学出版社,2015.

[9] 崔岩.陕西职业教育校企合作典型案例汇编[M].北京：北京理工大学出版社,2015.

[10] 杜利.我国职业教育发展的理论与实证研究[D].武汉：武汉理工大学,2008.

[11] 方德英等. 校企合作创新：博弈、演化与对策 [M]. 北京：中国经济出版社, 2007.

[12] 关晶. 职业教育现代学徒制的比较与借鉴 [M]. 长沙：湖南师范大学出版社, 2016.

[13] 郭杰, 朱志坚, 陶红. 产教深度融合背景下广东高职教育发展创新与实践 [M]. 长春：北方妇女儿童出版社, 2017.

[14] 和震, 李玉珠, 魏明等. 职业教育产教融合制度创新 [M]. 北京：科学出版社, 2018.

[15] 贺星岳等. 现代高职的产教融合范式 [M]. 杭州：浙江大学出版社, 2015.

[16] 胡赤弟. 产教融合：制度·路径·模式 2017 宁波高等教育研究论坛论文集 [M]. 杭州：浙江工商大学出版社, 2018.

[17] 黄立. 产教融合背景下高职院校"双师型"教师团队建设研究 [M]. 长春：吉林人民出版社, 2020.

[18] 黄艳. 产教融合的研究与实践 [M]. 北京：北京理工大学出版社, 2019.

[19] 黄莺, 贾雪涛. 双师型教师的专业发展研究 [M]. 北京：中国书籍出版社, 2019.

[20] 黄云鹏. 创业教育 [M]. 北京：中国科学技术出版社, 2002.

[21] 吉敏. 中国南非产教融合式产业合作 [M]. 北京：社会科学文献出版社, 2020.

[22] 贾文胜. 职业教育校企合作机制及政策保障研究 [M]. 北京：中国商务出版社, 2019.

[23] 杰弗里·菲佛, 杰勒尔德·R. 萨兰基克. 组织的外部控制：对组织资源依赖的分析 [M]. 北京：东方出版社, 2006.

[24] 李继延. 产教融合：高等职业教育路径、机制与政策研究 [M]. 北京：北京出版社, 2009.

[25] 李梦卿等. 双师型教师队伍建设比较研究 [M]. 武汉：华中科技大学出版社, 2010.

[26] 李心, 王乐夫. 深化产教融合校企合作 推动中职教育创新发

展：广东中等职业教育教学改革研究与实践 [M]. 广州：暨南大学出版社，2015.

[27] 李玉萍."双师型"视域下高职院校教师在职培养困境研究 [M]. 合肥：中国科学技术大学出版社，2018.

[28] 联合国教科文组织. 教育：财富蕴藏其中 [M]. 北京：教育科学出版社，1996.

[29] 梁成艾. 职业院校"双师型"教师专业化发展论 [M]. 成都：西南交通大学出版社，2014.

[30] 林恩·马克里斯. 生物共生的行星 [M]. 上海：上海科学技术出版社，1999.

[31] 林梅. 校企合作与人才培养 [M]. 长春：吉林人民出版社，2019.

[32] 刘书瀚，白玲. 校企合作应用型人才培养模式理论与实践 [M]. 天津：南开大学出版社，2014.

[33] 刘文. 工匠中国 [M]. 上海：上海教育出版社，2019.

[34] 刘志敏. 产教融合实训基地优秀案例集 [M]. 北京：中国财政经济出版社，2020.

[35] 刘志敏. 走向产教融合"大平台+" [M]. 北京：中国财政经济出版社，2019.

[36] 陆克斌，房巧红. 供应链管理与系统实训 [M]. 北京：中国建材工业出版社，2016.

[37] 彭建设，彭纯宪. 创业教育 [M]. 北京：高等教育出版社，2000.

[38] 彭行荣. 创业教育 [M]. 北京：中国科学技术出版社，2003.

[39] 申晓伟. 校企合作 共筑未来：高职院校校企合作育人理论与实践研究 [M]. 北京：中国广播影视出版社，2014.

[40] 石鹏建，余舰. 2017 年度全国创新创业 50 所典型经验高校经验汇编 [M]. 北京：北京航空航天大学出版社，2018.

[41] 史伟，杨群，陈志国. 新时期职业教育校企合作办学模式探索 [M]. 天津：天津科学技术出版社，2018.

[42] 宋振杰. 从工人到工匠：成为大国工匠的自我重塑之路 [M]. 北京：中国工人出版社，2016.

[43] 宋作忠, 刘兴丽, 洪亮. 地方应用型本科院校校企合作机制研究 [M]. 徐州: 中国矿业大学出版社, 2017.

[44] 孙琳. 产教融合: 职业教育发展新途径探索 [M]. 北京: 高等教育出版社, 2003.

[45] 王成荣等. 职业教育产教依存发展研究 [M]. 北京: 中国经济出版社, 2014.

[46] 王凤领. 地方本科高校产教融合应用型人才培养研究 [M]. 北京: 中国水利水电出版社, 2020.

[47] 王文槿, 林仙福. 职业院校校企合作实务 [M]. 北京: 海洋出版社, 2010.

[48] 王文槿. 教产结合课程改革实践研究: 高、中职院校电子信息类能力本位课程 [M]. 北京: 海洋出版社, 2010.

[49] 王祝华. 高职订单人才培养的理论与实践 [M]. 杭州: 浙江工商大学出版社, 2020.

[50] 吴炳岳等. 职业院校"双师型"教师专业标准及培养模式研究 [M]. 北京: 教育科学出版社, 2014.

[51] 吴金秋. 中国高校"融入式"创新创业教育 [M]. 哈尔滨: 黑龙江人民出版社, 2013.

[52] 吴卫斌, 段永田. 创业教育 [M]. 东营: 石油大学出版社, 2007.

[53] 杨小燕著. 现代学徒制: 理论与实证 [M]. 成都: 西南交通大学出版社, 2019.

[54] 尹庆民, 陈浩, 裴一蕾, 王晓红. 校企合作研究: 基于应用型高校的模式及保障机制 [M]. 北京: 知识产权出版社, 2012.

[55] 袁纯清. 共生理论: 兼论小型经济 [M]. 北京: 经济科学出版社, 1998.

[56] 曾凡远. 高职建设类专业群建设路径与实证研究 [M]. 镇江: 江苏大学出版社, 2019.

[57] 詹先明. 双师型教师发展论 [M]. 合肥: 合肥工业大学出版社, 2010.

[58] 张华. 校园 + 产园: 智造工匠产教融合培养研究与实践 [M]. 北

京：北京理工大学出版社，2021.

[59] 张旭，白鸿辉．高等职业教育实训基地建设概论[M]．沈阳：白山出版社，2008．

[60] 张忠信，高红梅．校企合作的理论探索与实践[M]．沈阳：辽宁大学出版社，2007．

[61] 郑国强．珠江三角洲制造业与中职制造业类专业发展研究[M]．北京：经济日报出版社，2006．

[62] 郑山明．地方本科院校教师队伍建设研究[M]．北京：光明日报出版社，2018．

[63] 朱其训．实训基地科学建设论[M]．徐州：中国矿业大学出版社，2011．

[64] 陈晔，徐晨．精英教育概念与模式有关问题再探讨[J]．江苏高教，2012（2）．

[65] 陈宇．中国就业和教育：2030[J]．中国就业，2016（5）．

[66] 郭石明，盛颂恩，施建青．精英教育：量与质的解读[J]．高等工程教育研究，2007（2）．

[67] 李焱焱等．产学研合作模式分类及其选择思路[J]．科技进步与对策，2004（10）．

[68] 王雪丽，范义敏．产业簇群理论探讨[J]．石家庄铁路职业技术学院学报，2011（4）．

[69] 王章豹，祝义才．产学合作：模式、走势、问题与对策[J]．科技进步与对策，2000（9）．

[70] 邢晖．多角度解析"工学结合""半工半读"[J]．中国教育报，2006（11）．

[71] 占德胜．系统论视角下的高职院校专业设置[J]．职教论坛，2009（4）．

[72] 张镒民．高职创业教育的内在逻辑、体系构建和深化路径[J]．教育发展研究，2013（19）．

[73] 张英杰．共生视域下校企合作战略联盟机制研究[J]．教育与职业，2012（6）．